我有一双天使的翅膀

——开启智慧的殿堂
最宝贵的钥匙

◇主　编/杨　晶

哈尔滨工业大学出版社
HARBIN INSTITUTE OF TECHNOLOGY PRESS

图书在版编目（CIP）数据

最宝贵的钥匙：开启智慧的殿堂／杨晶主编．－哈尔滨：哈尔滨工业大学出版社，2014.6
（我有一双天使的翅膀）
ISBN 978-7-5603-4631-1

Ⅰ．①最⋯ Ⅱ．①杨⋯ Ⅲ．①儿童故事－作品集－中国－当代 Ⅳ．①Ⅰ287.5

中国版本图书馆CIP数据核字（2014）第040881号

编者声明

本书的编选，参阅了一些报刊和著作。由于联系上的困难，我们与部分作者未能取得联系，谨致深深的歉意。敬请原作者见到本书后，及时与我们联系，以便我们按国家有关规定支付稿酬。
联系电话：0451-86417530

我有一双天使的翅膀

最宝贵的钥匙——开启智慧的殿堂

策划编辑	甄淼淼
责任编辑	苗金英　张鸿岩
插图绘制	孙　宇　刘美玲
封面设计	刘长友
出版发行	哈尔滨工业大学出版社
地　　址	哈尔滨市南岗区复华四道街10号
邮　　编	150006
网　　址	http://hitpress.hit.edu.cn
传　　真	0451-86414049
印　　刷	大庆日报社印刷厂
开　　本	720mm×980mm　1/16
印　　张	10
字　　数	112千字
版　　次	2014年6月第1版
印　　次	2014年6月第1次印刷
书　　号	ISBN 978-7-5603-4631-1
定　　价	26.80元

前言
Forewords

当春风吹红了桃花,花儿懂得了感谢;

当细雨滋润了大地,万物懂得了生命的开始;

当阳光照耀着笑脸,我们懂得了生活原来如此精彩……

我们倾注全心给小读者们奉上了本套《我有一双天使的翅膀》系列丛书,包括智慧、哲理、历史和童话等内容的小故事。

整套书文字浅显并配有精美图片,符合学生的阅读水平,所选取的皆为寓意深刻、富含哲理的小故事,堪称经典。此外,每一篇小故事都设有"名人名言"和"小故事大道理"等栏目,可以帮助小读者们更好地理解故事、感悟道理。

衷心希望小读者们能喜欢本套丛书,并且从中学到智慧、悟到哲理、知晓历史、品味读书的乐趣!

第一辑　智慧就是灭火的水

8	灵感就在灯火阑珊处	44	用相反的方法试一次
10	默巴克的"硬币之星"	47	任凭嘲笑杳然去
13	羊也能够战胜狮子	50	拿破仑巧建预备队
16	聪明的小老鼠	53	小小智胜国王
19	屋里飘来欢呼声	55	曹操的妙招
21	都市里的悬崖	57	蜂蜜中的故事
23	皮鞋的由来	59	合成一"家"多欢乐
25	电报机的发明	61	阳光是最好的使者
27	高斯巧解数学题	64	妙计摘帽
30	智慧就是灭火的水	66	课堂上的发现
32	找到感觉的毛皮商人	68	能指路的手帕
35	鲁班造锯	70	阿尔卑斯山上的往事
37	门外汉的"异想天开"		

第二辑　失败像一座学府

40	薄饼带来的收获		
42	失败像一座学府		

第三辑　探索无人涉足的地方

74	荒凉的也是未开发的
76	谁偷了小刀
79	探索无人涉足的地方

我有一双天使的翅膀

81	精明的鱼缸销售商	121	真假稻草人
83	迎新春晚会	124	图书馆搬家
85	让魔法成为真实	126	孔融巧辩
87	别让新奇的念头溜走	128	改变人生就在一念间
90	钱包是谁的	131	突发奇想竟成真
93	空想家的太空梦		
95	笑话里做出大文章		
98	放大你的价值		

⭐ 第五辑 把火车连接起来

134	大象是最好的检测师
136	心中有数御万物
138	莫泊桑卖书
140	出售贫穷
142	聪明的伯爵
144	不畏天上的闪电
147	铅笔的小背包
149	神仙饮料
151	把爱送给她
153	玻璃棒上的新发现
155	把火车连接起来
157	把冰窖搬回家

⭐ 第四辑 敢想就是通往成功的方向

102	小处关心大处惊人
104	曹冲称象
106	笑着轻轻拍脑门
108	第七只戒指
110	敢想就是通往成功的方向
113	眼光超然物外
115	牧童和羊的故事
117	海带里的奥秘
119	巧剥花生

编者寄语

　　读完这些创新故事,你是不是仍然沉浸在一个个新奇的故事之中,并且心里也正在蠢蠢欲动?那么,请给自己十足的信心,带着足够的勇气去做以前从不敢做的事情吧!

第一辑
智慧就是灭火的水

布鲁塞尔人民后来知道了,交口称赞这个机智又勇敢的小于连。他们还特地请艺术家为他塑了一尊裸体撒尿铜像,以表彰和纪念这位拯救城市和人民的民族小英雄。

灵感就在灯火阑珊处

◇佚名

> 提出一个问题往往比解决一个问题更重要。因为解决问题也许仅是一个数学上或实验上的技能而已,而提出新的问题,却需要有创造性的想象力,而且标志着科学的真正进步。
> ——爱因斯坦

肖莱士是一个普普通通的业务员,在一家小型烟厂里工作。他的妻子在一家公司做文秘。公司活儿多而累,遇到加班时,妻子经常带一些工作文件回来抄写,有时一直抄写到深夜。

肖莱士心疼妻子,文件多的时候,就帮着妻子一起抄写。

公司的业务越来越多,妻子也越来越忙。看着妻子疲惫的身影以及磨出茧子的手指,肖莱士多盼望能有一双妙手帮助妻子摆脱现状啊。从此,这个烟厂的小业务员开始对办公器材产生了兴趣,和人聊天三句不离办公用品。

有一天,肖莱士在出差的火车上,遇到一个善谈的工人索尔。索尔告诉他,曾经有一个认识的木匠尝试着制作一台"写字机器",但是失败了。肖莱士听后,如获至宝。他一路打听,辗转找到那个木匠,把他废弃的机器零件当成宝贝带回家,细细地研究。

肖莱士找来许多机器制作方面的书,寻找思路,他又虚心地向

工厂车间的老师傅求助，可是，研制新的写字机器对肖莱士这个门外汉来说，谈何容易！肖莱士一次又一次地试验、改进，一次又一次地放弃重来。

一天深夜，肖莱士研究累了，到屋外去散步，当他踱到窗前的时候，看见妻子在灯下埋头抄写文件的身影。案头的稿纸已经高高地摞了一堆，妻子明显累了，时不时抖抖因握笔多时而僵硬的手指。看到妻子的手，肖莱士猛然联想到自己正在试图发明的打字机器。妻子的手多像一台正在工作着的打字机啊！肖莱士快步返回屋内，把先前的图纸全部撕掉，而采用新的思路来设计打字机的模型。

终于在1867年7月的一天，肖莱士这个普普通通的业务员，凭着对妻子那份执着的爱，研制出了世界上第一台有实用价值的打字机。

小故事大道理

创造的源泉主要来源于对家人、对他人、对世界的爱。用智慧的头脑、坚持的精神，挖掘创造的潜力。创造的意义在于它可以使我们的生活更加安逸，让我们有充分的时间享受快乐，同时学会感恩和知足。

默巴克的"硬币之星"

◇张达明

> 创新是一个民族进步的灵魂,是一个国家兴旺发达的不竭动力!
> ——江泽民

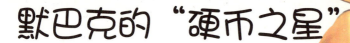

  默巴克出生于美国一个贫困家庭,从小饱受歧视。他凭借着不屈的毅力,19岁时考入美国名校斯坦福大学。但家庭经济的窘迫,容不得他像富家子弟那样悠闲自在,他不得不利用课余时间四处奔波,赚取微薄的收入,交纳学费,维持简单生活。

  默巴克主动向校方提出勤工俭学,包揽学生公寓的卫生打扫工作。他非常珍惜这份工作,干活儿一丝不苟。打扫公寓时,默巴克经常在墙脚和床铺下面清扫出一毛硬币来,都会主动问同学们,这是谁丢失的。同学们要么不屑一顾,要么就是懒洋洋地告诉他:"不就是几枚破硬币吗,谁稀罕?你不嫌弃就拿去好了。"

  虽然他们语带讥讽,但默巴克并不尴尬。在同学们怪异目光的注视下,他默默捡起了一枚枚带着灰尘的硬币。

  第一个月下来,默巴克把捡到的硬币进行清点,连他自己也感到吃惊:竟有500美元之多!这令他喜出望外。这些白白捡来的硬币，不仅解决了学费的燃眉之急，而且让自己的生活质量大为改善。

这份额外收入让默巴克突发奇想。他决定把人们不重视硬币的事情，反映给国家有关部门。他分别给国家银行和财政部写了信，建议上述部门应该关注小额硬币被白白扔掉的情况。财政部的回信很快到达，告诉这位贫困的大学生："正如你反映的那样，国家每年有310亿美元的硬币在市场上流通，却有105亿美元被人随手扔在墙脚和别的地方，虽然多次呼吁人们爱惜硬币，但收效甚微，我们对此也无能为力。"

这样的答复不免让默巴克沮丧，但同时他从中看到了潜在的巨大商机。从此，他便用心收集关于硬币方面的资料，从资料中得知，一般硬币的寿命可达30年，而这些硬币常散落于各家各户的墙脚、沙发缝、床底下和抽屉等角落。

默巴克决心从中打开缺口，开创事业。1991年，默巴克大学毕业，他不像其他同学那样奔波求职，而是针对人们日益增长的换取硬币的需求，成立了一个"硬币之星"公司，并购买了自动换币机，安装在附近的各大超市。顾客每兑换一百美元硬币，他会收取9％的手续费，所得利润与超市按比例分成。

开业伊始，默巴克"硬币之星"公司的生意便异常火爆，他不仅赚取了丰厚利润，也大大方便了超市和顾客，赢得了人们的普遍

欢迎。

默巴克继续扩大公司的业务，把"硬币之星"燃遍了全美，获得了巨大成功。

1996年，公司开张仅仅5年时间，"硬币之星"公司便在全美8 900家大型超市设立了11 800个自动换币机连锁店。又过了两年，当年那个被人们讥讽为穷小子的默巴克，摇身一变成了亿万富翁，"硬币之星"也成为纳斯达克的上市公司。

小故事大道理

在这个世界上我们都是独一无二的，这个世界赋予我们这个特性就是在说明任何人都可以在自己的领域有所造诣，只要你坚持，总会有成就自己的那一天。

羊也能够战胜狮子

◇佚名

> 知道事物应该是什么样，说明你是聪明的人；知道事物实际是什么样，说明你是有经验的人；知道怎样使事物变得更好，说明你是有才能的人。
> ——狄德罗

上帝把两群羊放在草原上，一群在南，一群在北。上帝还给羊群找了两种天敌，一种是狮子，一种是狼。

上帝对羊群说："如果你们要狼，就给一只，任它随意咬你们。如果你们要狮子，就给两头，你们可以在两头狮子中任选一头，还可以随时更换。"

南边那群羊想，狮子比狼凶猛得多，还是要狼吧。于是，它们就要了一只狼。

北边那群羊想，狮子虽然比狼凶猛得多，但我们有选择权，还是要狮子吧。于是，它们就要了两头狮子。

那只狼进了南边的羊群后，就开始吃羊。狼身体小，食量也小，一只羊够它吃几天了。这样羊群几天才被追杀一次。北边那群羊挑选了一头狮子，另一头则留在上帝那里。这头狮子进入羊群后，也开始吃羊。狮子不但比狼凶猛，而且食量惊人，每天都要吃一只羊。这样羊群就天天都要被追杀，惊恐万状。羊群赶紧请上帝换一头狮子。不料，上帝保管的那头狮子一直没有吃东西，正饥饿难耐，它扑进羊群，比前面那头狮子咬得更疯狂。羊群一天到晚只是逃命，连草都快吃不成了。

南边的羊群庆幸自己选对了天敌，又嘲笑北边的羊群没有眼光。北边的羊群非常后悔，向上帝大倒苦水，要求更换天敌，改要一只狼。上帝说："天敌一旦确定，就不能更改了，必须世代相随，你们唯一的权利是在两头狮子中选择。"

北边的羊群只好把两头狮子不断更换。可两头狮子同样凶残，换哪一头都比南边的羊群悲惨得多，它们索性不换了，让一头狮子吃得膘肥体壮，另一头狮子则饿得精瘦。眼看那头瘦狮子快要饿死了，羊群才请上帝换一头。

这头瘦狮子经过长久的饥饿后，慢慢悟出了一个道理：自己虽然凶猛异常，一百只羊都不是对手，可是自己的命运是操纵在羊群手里的。羊群随时可以把自己送到上帝那里，让自己饱受饥饿的煎熬，甚至有可能饿死。想通这个道理后，瘦狮子就对羊群特别客气，只吃死羊和病羊，凡是健康的羊它都不吃了。羊群喜出望外，有几只小羊提议干脆固定要瘦狮子，不要那头肥狮子了。一只老羊提醒说："瘦狮子是怕我们送它回上帝那里挨饿，才对我们这么好。万一肥狮子饿死了，我们没有了选择的余地，瘦狮子很快就会恢复凶残的本性的。"众羊觉得老羊说得有理，为了不让另一头狮子饿死，它们赶紧把它换回来。

原先膘肥体壮的那头狮子，已经饿得只剩下皮包骨头了，并且也懂得了自己的命运是操纵在羊群手里的道理。为了能在草原上待久一点，它竟百般讨好起羊群来。而那头被送交给上帝的狮子，则

难过地流下了眼泪。

　　北边的羊群在经历了重重磨难之后，终于过上了自由自在的生活。南边那群羊的处境却越来越悲惨，那只狼因为没有竞争对手，羊群又无法更换它，它就胡作非为，每天都咬死几十只羊，这只狼早已不吃羊肉了，它只喝羊心里的血。它还不准羊叫，哪只叫就立刻咬死哪只。南边的羊群只能在心中哀叹："早知道这样，还不如要两头狮子。"

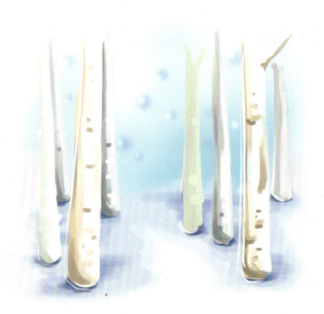

小故事大道理

　　在面对自己强大的竞争对手的时候，要用智慧和胆识战胜对方，知己知彼，方能百战百胜。最大程度上利用对手的弱点，从而把握竞争的主动权，减少自身的损失。

聪明的小老鼠

◇佚名

> 聪明人常从万物中有所感悟，因为他所得到的才能本是从一切事物中汲取的精华。
> ——罗斯金

一只狐狸拎着一篮花生，来到森林里，对小动物们说："要是谁能讲个故事让我说出'没有'这两个字，我这篮花生就送给谁。"

小动物们听了狐狸的话，你看看我，我看看你，没人作声。

有只小老鼠，一拍脑门，便讲了起来："一只小蚂蚁走到一条大河边，正要过桥，迎面走来了一只大象。小蚂蚁拔出拳头对准大象的肚皮就是一拳。大象在独木桥上'骨碌骨碌'滚了两下，好不容易爬起来，看见你妈妈——狐狸老太太来了。

"大象卷住你妈妈，使劲一甩，你妈妈'扑通'一声被甩进了河里。

"4只小老鼠看到了，急忙一起游过去救起了你妈妈，你妈妈说：'小老鼠，谢谢你们！我回家一定要把你们救我的事，告诉我的儿子，让他好好感谢你。'"

小老鼠讲到这里，停了停问："狐狸先生，你妈妈有没有告诉你这件事？"

"有,谢谢你们。"狐狸煞有介事地点着头,就是不说"没有"两个字。

小老鼠看了看那篮花生,搔了搔头皮,想了想,继续讲:

"4只小老鼠救了狐狸老太太的事,一传十,十传百,传到了狮子大王的耳朵里。狮子大王想见见4只小老鼠,就命猪警官去把它们找来。猪警官带领999名真枪实弹的士兵,从早找到晚,一直没找到。等他回宫一看,4只小老鼠就站在狮子大王身旁。你猜,是谁找到4只小老鼠的呢?"

狐狸想了想说:"是他们自己跑进王宫里的,对吗?"

"对!"小老鼠竖起大拇指说,"您真聪明。大家请鼓掌!"小动物们跟着一起鼓起了掌。狐狸的脸上露出了甜甜的笑,心里好得意啊!

小老鼠又继续往下讲:"狮子大王为4只小老鼠举行庆功宴。宴席上好菜不断,其中有最好吃的'油炸花生米'。4只小老鼠有个习惯,每次吃饭,他们会不约而同地把4双筷子冲向同一盘菜。请你再猜一猜,现在这4双筷子同时伸向哪盘菜?"

"油炸花生米!"狐狸很自信地说。

"猪警官告诉你的?"小老鼠追问了一句。

"没有，没有，没有！"狐狸急忙辩解着，"是我自己猜到的。"

"聪明的狐狸，我们一直在等你说'没有'两个字啊！"小老鼠拎起地上的一篮花生，分给小动物们吃起来。

小故事大道理

真的应了那句"骄傲使人落后，谦虚使人进步"，未必聪明的人就一定要显示出自己的聪明之处。相反，他们还会尽力去掩盖自己的光芒。而耍小聪明的人才会时时想让别人知道他的聪明。就像文中的狐狸，它是拿它的聪明作为一种炫耀，而小老鼠不显山不露水的聪明才是大智慧。

屋里飘来欢呼声 ◇佚名

> 创新是科学房屋的生命力。
> ——阿西莫夫

有一次,莫瓦桑准备进行一项化学实验,需要用一种镶有金刚石的特殊器具。这种器具非常昂贵,因此实验室里的助手们倍加爱护它。

早上,莫瓦桑来到实验室,做好实验前的准备工作。这时,各项仪器都准备好了,却找不到那镶有金刚石的昂贵器具。奇怪,怎么会突然不见了呢?

助手突然惊叫起来:"啊?门好像被撬过了!莫非有小偷光顾?"

莫瓦桑仔细一看,可不是,门锁很明显被人撬开过。进实验室前,谁也没有留意到。这么说,小偷看上那昂贵的金刚石了。

这桩意外使莫瓦桑萌生了一个念头:"天然金刚石如此稀少而昂贵,如果能人工制造金刚石,该有多好啊!"

翻阅了许多资料之后,莫瓦桑了解到,金刚石的主要成分是碳。至于它是如何形成的,在这方面研究的成果很少,只有德布雷

曾提出金刚石是在高温高压下形成的。

有一回，有机化学家和矿物学家查理·弗里德尔在法国科学院做了一个关于陨石研究的报告，莫瓦桑也参加了。

在报告中，查理·弗里德尔说："陨石实际上是大铁块，它里面含有金刚石晶体。"

听到这儿，莫瓦桑猛地想到：石墨矿中也常混有极微量的金刚石晶体，那么，在陨石和石墨矿的形成过程中，是否可以产生金刚石晶体呢？

想到这里，莫瓦桑头脑中出现了制取人造金刚石的设想。

他对助手们说："金刚石的主要成分是碳。陨石里含有少量金刚石，而陨石的主要成分是铁。我们的实验计划是：把程序倒过去，把铁熔化，加进碳，使碳处在足够的高温高压状态下，看能不能生成金刚石。"

历史上第一次人工制取金刚石的实验开始了。第一次失败了，第二次再来……经过无数次的反复探索，莫瓦桑的实验室里终于爆发出一阵激动的欢呼声：人造金刚石诞生了！

小故事大道理

在求知的路上，或许我们有那么一次捷径可走，可这捷径也只是老天赠给我们的一次机会，如果只是一味地坐享其成，成功的路就会越走越窄。要勇于面对失败，所谓"失败是成功之母"，在失败中吸取教训，发现新的问题，才会步步为营，一步步走向成功。

都市里的悬崖

◇佚名

> 为学须觉今是而昨非，日改月化，便是长进。
> ——朱熹《朱子语类》

日本最大的帐篷商、太阳工业公司的董事长能村先生想在东京建一座新的销售大厦。不过他觉得，在寸土寸金的东京只建一座大厦，不仅一时难以收回成本，而且大厦每日的消耗也是一笔不小的开支。怎样才能找到一个两全其美的办法，在盖楼的同时又用它来开拓新的市场呢？

带着这样的想法，能村先生开始关注生活中的一些热点问题。

当时，攀岩热正在日本兴起，而且有着蓬勃发展的趋势，这让能村先生茅塞顿开：为何不建一座都市悬崖，满足那些年轻人的爱好？只有利用这些有价值的东西，才能帮助自己的公司打开销路。

当销售大厦修好以后，能村先生经过调查研究，邀请了几位建筑师反复研讨，决定把大厦的外墙加一点花样，改建成一片悬崖绝壁。这座大厦有十层楼高，完全可以作为攀岩的练习场。

半年后，一片种植着鲜花与青草的悬崖昂然屹立在东京市区内，仿佛是一个意趣盎然的世外桃源。练习场开业那天，几千名喜爱攀岩的年轻人，兴高采烈地聚集于此处，纷纷借此过了一把攀岩瘾。

在东京市区内出现了从前只有在崇山峻岭里才能看到的风景，一下子吸引了人们的目光，每日来此观光的市民不计其数。而一些外地的攀岩爱好者听说了这个消息后，也不辞辛苦，特地到东京一显身手。

接着，能村先生又恰到好处地把握了这种轰动效应，在大厦的隔壁开了一家登山用品专卖店。很快，该店便因为货物齐全，占据了登山用品市场的榜首地位，给能村先生的公司带来了极为丰厚的收益。

小故事大道理

别出心裁就是一种创新，很多人都会被新鲜的事物吸引，继而追捧、热衷。适当的创新会给你的生活带来意想不到的惊喜，只要开动你的思维，说不定下一个成功的就是你。

皮鞋的由来

◇佚名

> 创造包含着万物的萌芽，它培养了生物和思想，正如树木的花和果。
> ——莫泊桑

很久很久以前，人们都是赤着双脚走路。

有一位圣明的国王到某个偏远的乡间旅行，因为路面崎岖不平，有很多碎石头，刺得他的脚又痛又麻。回到王宫后，他下了道命令，要将国内的所有道路都铺上一层牛皮。他认为这样做，不只是为自己，还可以造福他的人民，让大家走路时不再受刺痛之苦。

但即使杀尽国内所有的牛，也筹措不到足够的皮革，而所花

费的金钱、动用的人力，更不知几何。虽然根本做不到，甚至还相当愚蠢，但因为是国王的命令，大家也只能摇头叹息。

这时，一位聪明的仆人大胆地向国王提出建议："圣明的国王啊！为什么您要劳师动众，牺牲那么多头牛，花费那么多金钱呢？何不只用两小片牛皮包住您的脚呢？"国王听了很惊讶，但也当下领悟，于是立刻收回成命，采纳了这个建议。

据说，这就是"皮鞋"的由来。

小故事大道理

"物竞天择，适者生存"，当你感到你自身有些东西与这个社会发生冲突的时候，千万不要费劲心思去征服这个世界。世界不是一个人的力量就可以改变的，我们能做的只有适应这个社会，努力地融入它，然后发展自己。

电报机的发明 ◇彭莉

> 无可否认,创造力的运用、自由的创造活动,是人的真正的功能;人的创造活动,是人的真正的功能。人在创造中找到他的真正幸福,证明了这一点。
> ——阿诺德

爱迪生是世界上有名的发明大王,他的发明有1 000多项,像电灯、留声机、电影机等都是他发明的。

然而童年的爱迪生因为家中贫穷,只上过几年学,他12岁便到火车上去卖报了。不能去学校读书,他就自学。他非常热爱学习,一边卖报一边看书看报,抓紧时间学习和做实验。

爱迪生的父亲平时对家里人要求很严格,他规定全家每天晚上11点半前必须关灯睡觉。可是,爱迪生卖完报纸回到家常常是晚上11点了,这样他回家后就没时间做自己喜欢的实验了,这可怎么办呢?这对于喜欢学习、探索的爱迪生来说,简直是难以忍受。他想来想去,终于想出一个好办法,能让爸爸支持自己做实验。

一天,爱迪生用铜线在树上架起了电线,直接接到他的好朋友家里,并把当天卖剩下的报纸和一台他发明的电报机留在朋友家。晚上回到家后,他爸爸要看报纸,爱迪生说今天的报纸卖完了。起

先他的爸爸并没有感到可惜。爱迪生为了引起爸爸的兴趣，就开始说起今天报纸的内容如何新鲜有趣，没有看真是非常可惜。爱迪生的爸爸听到他讲得如此绘声绘色，真的非常想看。于是他问爱迪生还能不能想办法找一份来。爱迪生说，他的朋友家里还有一份，他可以用电报机把报纸的内容传过来。因为这个时候爱迪生的爸爸十分想看报纸，于是就痛快地答应了他。

爱迪生的爸爸看到儿子自制的土电报机真的能用，非常高兴，心想，这孩子真不简单！从此以后，他就再也不阻止爱迪生晚上做实验了。

小故事大道理

在成功的路上，我们一定会遇到这样或那样的阻碍，可这并不能成为我们就此消沉下去的理由。只要我们坚持不懈地努力，就会攻克一个个难题，最后赢得胜利。

高斯巧解数学题
◇佚名

[人才最本质的特点在于创造。
——箴言]

高斯是德国杰出的数学家、物理学家，近代数学的奠基人之一。

高斯在上小学后就对数学很感兴趣，不过他的老师白尔脱虽然很有能力，却实在对手下的学生不太感兴趣，他认为就目前学生的能力而言很难达到他的要求，根本不可能跟他学习和领略到数学的精髓和奥妙之处。

有一天，数学老师白尔脱有点不大高兴。他一走进教室，就板着脸对同学们说："今天的课是你们自己算题，谁先算完，谁就先回家吃饭。"说着，就在黑板上写下了这样一个题目：

1+2+3+4+5+…+100=？

他刚一写完，同学们就立刻拿出练习本，低头认真地算了起来。教室里只能听到一片笔尖在练习本上演算发出的沙沙声。白尔脱呢？则自己坐在一旁看起小说来了。

谁知他刚看完一页,小高斯就举手报告老师说:"老师,这道题我算完了。"

"算完了?"白尔脱没好气地挥挥手,"你算得这样快,准会算错,再算算看吧!"

"不会错的,我检查过了,还验算了一遍。"高斯理直气壮地说。

白尔脱走到高斯的座位前,拿起他的练习本一看,答案是5 050,显然一点不错。

"你是怎么算的?"白尔脱惊奇地问道。

高斯一板一眼地回答说：

"我发现这个题目一头一尾挨次的两个数相加，都是101，总共50个101，所以答案就是50×101=5 050。"

"同学们，"白尔脱兴奋地拍了一下桌子，接着大声地对全体同学说，"我们班出现数学神童了！"

从此，白尔脱完全改变了对农村孩子高斯的看法。在他的精心培养下，高斯对数学的兴趣越来越浓厚，造诣越来越深，17岁时他就发现了数论中的二次互反律。

小故事大道理

成功者和落后者的差距就在于他们对待同一件事情的解决方式不同，正确的方法是一个人成功的先决条件，而错误的方法只会让事情事倍功半，导致的结果就是南辕北辙。遇事冷静而不是冲动行事，那么成功就已经在向你招手了。

智慧就是灭火的水

◇佚名

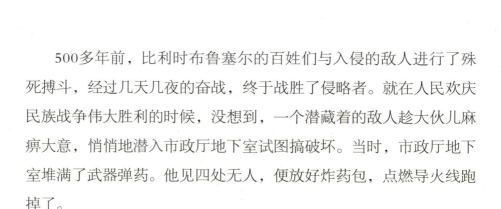

[人可以老当益壮，也可以未老先衰，关键不在岁数，而在于创造力的大小。
——卢尔卡尔斯基]

500多年前，比利时布鲁塞尔的百姓们与入侵的敌人进行了殊死搏斗，经过几天几夜的奋战，终于战胜了侵略者。就在人民欢庆民族战争伟大胜利的时候，没想到，一个潜藏着的敌人趁大伙儿麻痹大意，悄悄地潜入市政厅地下室试图搞破坏。当时，市政厅地下室堆满了武器弹药。他见四处无人，便放好炸药包，点燃导火线跑掉了。

敌人刚走，一个叫于连的小孩子便来到地下室玩，别看于连年纪小，却相当聪明，在大人们与敌人作战的时候，曾经多次勇敢地担当小小通讯员的角色。此刻，他看见了燃着的导火线。导火线"哧哧"地冒着火花，情况万分紧急，找人已经来不及了，可是手头又没有可以灭火的东西。于连急中生智，赶紧脱下裤子，冲着导火线撒尿，火花渐渐地熄灭了。好险哪，离炸药包只剩几厘米了。

布鲁塞尔人民后来知道了，交口称赞这个机智又勇敢的小于连。他们还特地请艺术家为他塑了一尊裸体撒尿铜像，以表彰和纪念这位拯救城市和人民的民族小英雄。300年来，铜像小于连收到人们赠送的服装已有750套了，其中，还有1979年北京市市政府赠送的中国民族特色服装呢！

小故事大道理

所谓的英雄并不是做了多么惊天动地的大事，而是在关键的时刻挺身而出，在艰难的险境中也可以用平和的心态，迎难而上。敢于承担、机智面对，这样的人才是英雄。

找到感觉的毛皮商人　◇佚名

> 创造者才是真正的享受者。
> ——富尔克

拿破仑入侵俄国期间，他的部队在一个无比荒凉的小镇当中作战，当时他意外地与军队脱离，一群俄国哥萨克人盯上了他，开始在弯曲的街道上追逐他。拿破仑开始逃命，并潜入僻巷中的一家小毛皮商人家。当拿破仑气喘吁吁地逃入店内时，他对毛皮商人可怜地大叫："救救我，救救我！我可以藏在哪里？"

毛皮商说："快点，藏在角落的那堆毛皮底下！"然后他用很多张毛皮盖住拿破仑。

他刚盖好，俄国哥萨克人就已冲到门口，大喊："他在哪里？我们看见他跑进来了！"不顾毛皮商人的抗议，他们把他的店给拆了，想找到拿破仑。他们将剑刺入毛皮内，但是没有发现他。不久，他们放弃并离开了。

过了一会儿，正当拿破仑的贴身侍卫来到门口时，拿破仑毫发无损地从毛皮下爬出来。毛皮商向拿破仑胆怯地说："原谅我对

一个伟人问这个问题,但是躲在毛皮下,知道下一刻可能是最后一刻,那是什么样的感觉?"

拿破仑站稳身子,愤怒地向毛皮商人说:"你竟然对拿破仑皇帝问这样的问题,警卫,将这个不知轻重的人带出去,蒙住眼睛,处决他。我本人,将亲自发布枪决命令!"

警卫捉住可怜的毛皮商人,拖到外面面壁而立,蒙住双眼。毛皮商人看不见任何东西,但是他可以听到警卫的动作,当他们慢慢排成一列,准备他们的步枪时,他可以听见自己的衣服在冷风中簌簌作响。他可以感觉到寒风正轻轻摇着他的衣摆,冷却他的脸颊,他的双脚正不由自主地颤抖着。然后,他听见拿破仑清清喉咙,慢慢地喊着"预备……瞄准……"在那一刻,他知道甚至这一些无关痛痒的感伤都将永远离他而去,而眼泪流到脸颊时,一股难以形容

的感觉自他身上奔泻而出。

经过一段长时间的安静之后,毛皮商人听到有脚步声靠近他,他的眼罩被解了下来。突来的阳光使得他睁不开眼,但他可以看见拿破仑的眼睛深深地望着他的眼睛,似乎想看穿他灵魂里的每一个角落。然后拿破仑轻柔地说:"现在你知道了。"

小故事大道理

一些成就比较卓越的人,通常都有一个灵活的大脑,遇到问题都能够灵活地转变思路寻求捷径。其实,我们也应该这样,不要固执己见地钻牛角尖,适当地换换思路,说不定有更好的解决办法。

鲁班造锯

◇佚名

[一个具有天才的人——具有超人的性格，绝不遵循通常人的思想和途径。
　　　　　　　　——司汤达]

　　鲁班一直被称为木工的祖师爷。今天我们还在使用的锯子据说就是他发明的。

　　有一回，鲁班奉命要造一座宫殿，这需要很多大木材，鲁班就叫他的徒弟们上山砍树。

　　但工期一天天临近了，鲁班每次到库房里去检查木材，都发现从山上砍下来的木材非常少，难道是徒弟们偷懒？鲁班带着责备的语气问带头的徒弟："要照目前的进度，这宫殿根本就竣工不了！咱们就等着受罚吧！"

　　徒弟也显得很无奈："师傅，不是我们不努力，实在是山上的那些大树太难砍了，再说我们也没有什么合适的工具啊！"

　　徒弟没有说谎，当时还没有发明锯子，像砍树什么的全靠斧子。用斧子砍树不但费力，而且效率非常低。这样下去，一天根本砍不了几棵树。鲁班很着急，就决定亲自上山去看看。

长满大树的那座山很陡,而且没有现成的山路,鲁班只能抓住树根和杂草,一步一步往上爬。在爬的过程中他突然感觉到手指传来一阵轻微的刺痛。鲁班低头一看,原来他的手指被一根小草划破了,流出很多血来。

一根小草怎么会这样厉害?鲁班拔下了那根小草,放到眼前仔细观察了一番,他发现小草的叶子边上有很多小齿,刚才划伤他的就是这个。他试了试,在手指上一划就是一道口子,这可提醒了鲁班。他想,如果按照小草的叶子那样,用铁打造一把有齿的工具,在树上来回拉,不是比用斧子砍树强得多吗?想到这里鲁班如获至宝,捧着那根小草兴高采烈地回去,一到家就马上模仿叶齿的样子亲手打造了一把,拿到山上一试,果然比斧子又快又省力。

最后不但宫殿的工期没耽搁,鲁班还趁这个机会发明了木匠们沿用至今的工具——锯。

小故事大道理

不要小看了我们生活中的小事物,往往小的事情中会让你有大的收获。再渺小的东西也有它伟大的一面,只要你有一双善于发现的眼睛,用心去探索和寻找,大自然的奥秘就会被你发现。

门外汉的"异想天开"

◇佚名

[独立性是天才的基本特征。
——歌德]

马克沁工作之余,喜欢动手制作一些小机器。遇到自己弄不懂的地方,就向有关专家请教,或者查阅有关资料。凭着这种勤奋好学的精神,成年后,他成了美国著名的电气机械发明家。

美国贵族流行玩枪,上层机构经常举办射击比赛。

有一次,马克沁带着步枪参加比赛。他的射击成绩不是很理想,而且步枪的后坐力把他的肩膀和前胸震得青一块紫一块。由此他决心发明一种新型的枪。

不久,马克沁准备制造一种自动化的连发枪,请求美国政府予以支持。美国政府认为,一个门外汉要发明枪简直是"异想天开",对于他的要求不予理睬。

马克沁一气之下来到英国伦敦,开办了一个小型制枪厂。

他自己设计枪的结构,从减轻枪对射击手撞击的后坐力入手,对步枪进行重大改进,即利用部分火药气体,使枪完成开锁、退

壳、送弹、重新关闭等一系列动作,实现单管枪的自动连续射击。经过一段时间的零件加工、组装,终于在1883年研制出了自动步枪。

但马克沁并不满足,他觉得自动步枪有一些不尽如人意的地方,比如射击的速度不够快,枪射击时震动太大等。他要在自动步枪的基础上,研制出更为理想的武器。

要让子弹射得快,首先必须保证弹药的供应。为此,马克沁设计出了一种能把帆布弹带上的子弹推上膛的装置,每个帆布弹带上可以装250发子弹。快射一会儿后,枪管内的温度很高,枪管会被烧红。因此,又必须解决降温问题。善于攻克难关的马克沁很快就研制出了一种液体水套,包在枪管上。

就这样,马克沁解决了一个又一个难题,扫除了一个又一个障碍,终于发明了世界上第一支机关枪。这支枪重40磅,每分钟能射600发子弹。

新生事物并不容易为人们所接受。为了宣传自己的新发明,马克沁带着重机枪,到各地表演。每到一地,都引起了轰动。人们对机关枪连续快速射击的性能赞叹不已。

小故事大道理

兴趣是一个人最好的老师,没有兴趣就没有创造,在通往成功的路上,兴趣就像一条绳索牵引着你不断去挖掘和探索。勇敢地沿着自己选择的路走下去,总有一天你会发现,成功已经离你越来越近了。

第二辑
失败像一座学府

失败也是我所需要的,它和成功对我一样有价值。只有在我知道一切做不好的方法以后,我才知道做好一件工作的方法是什么。

薄饼带来的收获 ◇佚名

> 欢乐的名字是创造。
> ——希恩

哈姆威是一个制作糕点的小商贩，他们家世世代代都生活在西班牙。但是，狂热的移民潮席卷了整个欧洲，哈姆威也抱着淘金的心态来到了美国。

可美国并非像他想象中的那样遍地都是黄金，哈姆威的糕点在西班牙出售和在美国出售，根本没有多大的区别。

1904年的夏天，哈姆威得知美国的路易斯安那州即将举行世界博览会，他觉得这是一个赚钱的好时机，便把自己的糕点工具搬到了会展地点。庆幸的是，他被允许在会场外面出售他的薄饼。

但是，哈姆威的薄饼生意实在很糟糕，而他旁边的冰淇淋生意却很好。卖冰淇淋的商贩一会儿就售出了许多冰淇淋，很快就把装东西的小碟子用完了。

向来大方的哈姆威见状，就把自己的薄饼卷成锥形，让旁边的商贩用它来盛放冰淇淋。

卖冰淇淋的小贩见这个方法很不错,便买下了哈姆威的薄饼。就这样,大量的锥形冰淇淋出现在人们的手中。

令哈姆威意想不到的是,这种锥形冰淇淋纷纷被人们看好,最后它还被评为"世界博览会明星"。

这件事让哈姆威大受启发,他开始尝试着用更薄更脆的东西来代替薄饼包裹冰淇淋。不久之后,哈姆威制作出的锥形冰淇淋便流行开来,它就是现在的蛋卷冰淇淋,它的发明被人们称为"神来之笔"。有人曾经这样假设,如果没有哈姆威的好心,也许就不会有今天风靡世界的蛋卷冰淇淋了。

小故事大道理

灵感的来临有时候就是那么一瞬间的事,关键就看你如何去把握了。就像是机会一样"机不可失",抓住了这个灵光一闪的瞬间,或许你的一生会大有不同。

失败像一座学府

◇洪湘云

> 世界上所有美好的事物都是创造力的果实。
> ——米尔

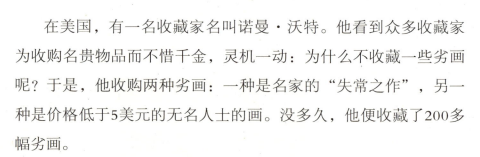

在美国，有一名收藏家名叫诺曼·沃特。他看到众多收藏家为收购名贵物品而不惜千金，灵机一动：为什么不收藏一些劣画呢？于是，他收购两种劣画：一种是名家的"失常之作"，另一种是价格低于5美元的无名人士的画。没多久，他便收藏了200多幅劣画。

1974年，他在报纸上登出广告，声称要举办首届劣画大展，为的是让年轻人在比较中学会鉴别，从而发现好画与名画的真正价值。

沃特的广告广为流传，成为人们茶余饭后的一个热门话题。人们争先恐后地参观，有的甚至从外地赶来。这次画展非常成功。

还有一个与"劣画大展"很相似的展览，就是"失败产品陈列馆"。美国有一家市场情报服务公司，其经理叫罗伯特。他酷爱收藏，共收集了75万件"失败产品"。后来，罗伯特又试着创办了一个"失败产品陈列馆"。

　　这个陈列馆把许多企业和个人费尽心机研制的,又因种种原因失败的产品展示出来。参观的人络绎不绝,收获可以用爱迪生的话来概括:"失败也是我所需要的,它和成功对我一样有价值。只有在我知道一切做不好的方法以后,我才知道做好一件工作的方法是什么。"罗伯特取得了意想不到的成功。

小故事大道理

　　失败就像一张警示牌,只有真正了解失败的人,才会探寻到失败带来的非同寻常的意义。失败不是说再也没有成功的机会,而是警示你怎么做才不会继续失败。

用相反的方法试一次

◇佚名

> 唯有创造才是快乐。只有创造的生灵才是生灵。
> ——罗曼·罗兰

一年夏天，一位叫兰米尔的化学家来到美国通用电器公司工作。兰米尔刚进入公司时，公司研究实验室主任惠特尼博士并没有立即分配他做什么工作，而是建议他花几天时间到各个实验室走一走。

兰米尔来到研究钨丝电灯的实验室。这种"真空灯泡"的研究引起了兰米尔的浓厚兴趣。他高兴地加入了这个课题的研究。

"要延长钨丝的寿命，必须要先了解钨丝'短命'的原因。"

兰米尔一头就扎进了钨丝变脆原因的研究，惠特尼很注重兰米尔的新见解，他同意兰米尔专门从事这项研究，并给他配了几名助手。

研究结果表明兰米尔的想法是对的。没有在真空条件下经长时间加热的灯泡玻璃，它的表面会慢慢释放出水蒸气，而这水蒸气与灯泡内的钨丝发生了化学反应，产生了氢气。此外，灯泡接头的地

方,一些材料也会释放出一些气体。正是这类气体的化学作用,使钨丝变脆、灯泡玻璃壁变黑,降低了钨丝灯的使用寿命。

兰米尔的同事们,包括惠特尼博士都认为,解决这一问题的办法是提高灯泡的真空度。确实,爱迪生以及以后的许多科学家,为了提高灯丝的寿命,都是在灯泡的真空度上做文章,而且取得了一定的成绩。可是,兰米尔不同意大家的意见。

他建议采用与抽真空相反的方法,即充气的方法,把各种不同的气体分别充入灯泡,看看各种不同的气体跟钨丝"相处"得怎么样。兰米尔打比方说:"这好比把手伸到灯泡里,亲自'触摸'一下钨丝。"

"这种方法没有人做过,肯定行不通。"

"这种方法绝对解决不了问题。"

面对不同看法,兰米尔微笑着说服大家。惠特尼博士虽然也有不同的观点,但他还是支持兰米尔试一试。

于是,兰米尔分别把氢气、氮气、氧气、水蒸气、二氧化碳等气体充入灯泡,并采用不同的温度、压力等外界条件进行试验。试

验结果表明：充入的气体化学反应后能使钨丝寿命延长。

直到今天，我们仍在使用兰米尔发明的充气电灯。

小故事大道理

跳出固有的思维模式，就会开拓出更多条思维路径指导我们思考。有些时候背道而驰也是正确的选择，这更有利于我们接近真理。适时地用相反的方法试一次，打破传统，不唯书，只唯实。

任凭嘲笑苍然去
◇佚名

> 已经创造出来的东西比起有待创造的东西来说，是微不足道的。
> ——雨果

一个下雨天，法国人西夫拉克在街头漫步时，被经过的四轮马车溅了一身泥，这使他突发奇想：四轮马车这么宽，应当把马车顺着切掉一半，四个车轮变成前后两个车轮……于是，1791年，第一架代步的"木马轮"小车诞生了。这辆小车有前后两个木质的车轮，中间连着横梁，上面安了一条板凳，像一个玩具。刚刚出现的新东西肯定不是那么完善。这辆"木马轮"既没有传动链条，又无转向装置，自然需要改进。

到1818年，一个德国看林人叫德莱斯的，也是偶然的一个想法，制作了一辆木轮车，样子跟西夫拉克的差不多，不过，他在前轮加上了一个控制方向的车把，可以改变前进的方向。但是骑车时依然要用两只脚蹬地，才能推动车子向前滚动。当时的德莱斯骑着他的"小马崽"上路试验时，遭到不少人的嘲笑。新东西的出现总会被这样或那样的传统势力所嘲笑，但人类的发明永远不会因这些

嘲笑而停止。

1840年,英格兰的铁匠麦克米伦,在德莱斯发明的"小马崽"的基础上,进行了改进。他在后轮的车轴上装上曲柄,再用连杆把曲柄和前面的脚蹬连接起来,并且前后轮都用铁制,前轮大,后轮小。这样一来,人的双脚真正离开了地面,由双脚的交替踩动变为轮子的滚动。1842年,麦克米伦骑上这种车,一天跑了20千米。

20年后,法国的米肖父子,在前轮上安装了能转动的脚蹬板,车子的鞍座架在前轮上面。他们把这辆车冠以"自行车"的雅名,并在巴黎博览会上展出,让观众大开眼界。

从西夫拉克一直到米肖父子,他们制作的自行车与现代自行车差别较大,真正具有现代化形式的自行车是在1874年诞生的。英国

人罗松在自行车上别出心裁地装上链条和链轮，用后轮的转动来推动车子前进，但仍然不够协调与稳定。

1886年，英国的机械工程师斯塔利，不仅改进了自行车的结构，还改制了许多生产自行车部件用的机床，为自行车的大量生产和推广应用开辟了宽阔的道路，因此他被后人称为"自行车之父"。他所设计的自行车车型与今天自行车的样子已经基本一致了。

小故事大道理

　　创新来源于我们最熟悉的生活风景，在生活中探求另一种更快捷、更方便的生活方式。科学的路上一直都在进行着接力赛，当别人用嘲笑和冷漠对待真理的时候，科学的价值就要靠时间来验证。

拿破仑巧建预备队

◇佚名

> 我创造，所以我生存。
> ——罗曼·罗兰

1800年4月，战争的乌云笼罩在马伦哥的上空，法国军队与奥地利军队之间的一场战争即将爆发，为了取得会战胜利，拿破仑一方面派出手下大将率领十万大军，拖住奥军的主力军；另一方面积极着手秘密筹建一支强有力的预备军团，以便出其不意地发起攻击。

这个计划是绝对正确的，只有这样才能取胜。但是，当时奥地利派出了许多间谍在各地监视着法军的动向。

"看来这个作战计划是不可能保密的，怎么办？"拿破仑整天思索着这个问题。功夫不负有心人，几天后，拿破仑终于想出了一个妙法。

他首先在瑞士附近建立了一支预备军团，并在报纸上大肆宣扬，好像就怕别人不知道似的。为了假戏真唱，拿破仑于5月6日还亲自去瑞士进行军队检阅。

果然不出所料，他的这一行动引诱了大批敌方间谍侦察。不

久,他们发现这支预备军团支部不过是徒有虚名:几千名战斗兵,要么老弱病残,要么就是刚出茅庐,更可笑的是其中大部分人连制服都没有。

间谍们骄傲地把这些情报传到自己的国家后,引来人们一片嘲笑。街头上甚至出现了一幅讽刺画,画的是一个十来岁的孩子和一个装着假腿的残疾军人,画面上写着"拿破仑的预备队"。

驻扎在意大利的奥军元帅得意地宣称:"拿破仑用来威胁我们的预备军团,只不过是一群乌合之众而已。他这样做的目的,无非是掩盖他无力进攻的真相!"

可是,在这片嘲笑声里,一支真正的预备军团却在法国东南部的边境附近,神速而秘密地完成了集结。

这支预备军团由拉纳将军亲自指挥，它不仅不是老弱病残，而且装备十分强大，兵员精力充沛，远远地超过了布置在第一线的法军。其兵力高达6个精锐团，拥有40门火炮，制服、装备和一切军需品的供应十分齐备。

当战幕拉开，奥军集中力量对付法国一线的军团时，拿破仑却指挥这支预备军团，克服重重困难，翻越了欧洲天险阿尔卑斯山的隘道，突然出现在奥军的后方，将奥军打得一败涂地，彻底夺取了著名的马伦哥会战的胜利。

小故事大道理

在敌我力量悬殊的情况下，为了确保事情万无一失，就要做好周全的准备。所谓"假作真时真亦假，无为有处有还无"，虚实相生是一门学问，关键看你怎样把握好节奏。适时地化虚为实，就会达到意想不到的效果。

小小智胜国王

◇佚名

[我们要获得现有的一切,而且要创造现在还没有的新事物!
——高尔基]

一年夏天,喜欢冒险的三兄弟决定出去旅行。

当他们来到一个王国时,只见城墙上贴着一张布告,上面写道:凡能完成国王提出的三件事情,国王将赏赐他500两黄金;但如果做不到,他就将受到终身监禁的惩罚。

大哥大大想也没想就进宫去了。结果,三件事大大都没法办到,被关进了监牢。

二哥中中决心去救大大,也进王宫去了。小弟小小等了三天三夜,也没有等回中中。

第四天,小小怀着悲愤的心情,走进宫去,对国王说:"陛下,我不要您的奖赏,只要您放回我的两个哥哥!"国王说:"行!只要你完成三件事,我就一定放走你哥哥!"说完,只见侍从拿来一个装满水的玻璃杯、一个空盆子和一个铁丝编成的筛子。国王对小小说:"请你把水盛在这个筛子里。"小小悄悄地从口袋

里拿出石蜡，放在空盆子里熔化，把筛网浸在里面。当他把筛子拿起来的时候，筛网的铁丝就覆上了一层薄薄的石蜡。这层石蜡谁也看不见。

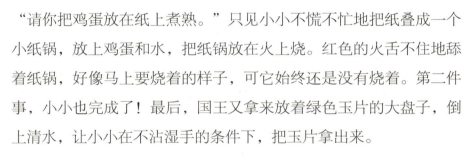

小小走到国王面前，小心翼翼地用筛子盛水。奇怪！筛子里那么多水，一点儿也没漏下去！

第一件事完成了。国王又对小小说："请你把鸡蛋放在纸上煮熟。"只见小小不慌不忙地把纸叠成一个小纸锅，放上鸡蛋和水，把纸锅放在火上烧。红色的火舌不住地舔着纸锅，好像马上要烧着的样子，可它始终还是没有烧着。第二件事，小小也完成了！最后，国王又拿来放着绿色玉片的大盘子，倒上清水，让小小在不沾湿手的条件下，把玉片拿出来。

小小把纸烧着，放到玻璃杯里，很快地把杯子倒过来，放进盘子里。纸烧完了，玻璃杯里充满了白烟。奇怪！过一会儿，盘里的水就像长脚似的，自动流到杯里去了。等到盘里的水干了，小小就把盘里的玉片拿了起来，手上一点儿也没沾湿。

三件事，小小全办到了！国王只好答应他的要求，放了他的两个哥哥。

小故事大道理

知识是智慧的源泉，掌握一些生活中的常识，就会为我们的生活提供更多便利。多掌握一点儿知识，总会有用到的那一天。

曹操的妙招 ◇佚名

> 从狭小的世界到广大的世界去的路上，是有风有浪的。
> ——泰戈尔

三国时期的一年夏天，曹操带领一支大军，经过一个没有水的地方。当时已经到了中午，烈日当空，天气十分炎热。将士们携带着沉重的武器，全身都被汗水浸湿，又热又渴，非常难受，严重影响了行军。曹操见将士们一个个舔着干裂的嘴唇，勉强行走，心里非常焦急。他把向导叫来，问他附近有没有水源，向导做了否定的回答。曹操不甘心，下令队伍原地休息，派人分头到各处去找水。

过了好一会儿，派去的人全都提着空桶回来了。原来，这里是一片荒原，没有河流，也没有山泉，根本找不到水。

曹操又下令就地挖井。士兵们挥汗挖土，但过了好长时间，也挖不出一滴水。

曹操心想，情况这么严重，如果在这里久留，会有更多的人无法坚持下去。

他灵机一动，站到一个高处，大声说道："有水啦！有水啦！"

将士们听说有水,全都从地上爬起来。曹操指着前面说:"前面不远的地方有一大片梅林,那里结的梅子又大又多,它那甘美的酸汁可以解渴,咱们快上那儿去吧!"

将士们一听说梅子及梅子的酸汁,就自然而然地想象起酸味,从而流出口水,顿时不觉得那么渴了。

曹操立即指挥队伍行进。经过一段时间,终于把队伍带出了这个没有水的荒地,来到有水源的地方。大家痛痛快快地喝足了水,精神焕发地继续行军。

小故事大道理

在困境面前,要勤于动脑,充分运用你的智慧,这可以让你轻松地摆脱困境。不要一味地抱怨,要勇于去面对、敢于承担,并且迎难而上,那么成功就离你不远了。

蜂蜜中的故事 ◇佚名

> 生活不是静止,而是同静止做斗争。
> ——罗曼·罗兰

从前,有一个小皇帝,登基时只有13岁。因为年纪小,大臣们都没把他放在眼里,认为这么大的国家,被一个乳臭未干的小毛孩儿统治,实在是笑话。

小皇帝暗暗发誓:"总有一天让你们服了我!"

有一天,小皇帝在大臣和侍卫的簇拥下,到皇宫的花园中散步。大家正行走间,忽然看到树上的青梅结了很多果实,青翠欲滴。小皇帝马上被吸引住了,他走到树下,信手摘下一颗青梅正想放到嘴里尝尝,这时一个内侍跑过来,对皇帝说:"陛下,这青梅还没熟透,吃到

嘴里会很酸。不过我倒有一个办法，会让您吃起来觉得很甜。"

小皇帝好奇地问："什么办法？说出来，大家一起试试。"内侍回答："把青梅用蜂蜜拌了再吃就会又酸又甜，很好吃。""那好，你快去库房把蜂蜜拿来。"皇帝吩咐道。不一会儿，内侍端来了蜂蜜，迅速拌好了青梅。小皇帝接过正要品尝，忽然发现蜂蜜里有一粒老鼠屎。这可把内侍吓坏了，他慌忙说道："不关我的事啊，陛下！肯定是库房主管失职，致使库房闹了鼠害，我这就把库房主管叫来，听您发落。""别急，"小皇帝说道，"怎能光看到一粒老鼠屎就随便定罪呢？"说完，皇帝用手掰开鼠粪，仔细端详后，厉声斥问内侍："大胆内侍，竟敢栽赃他人，还不从实招来！"内侍听后吓得"扑通"一声跪倒在地："陛下明察，是小臣我干的，因为前几天我私下里找库房主管要些蜂蜜，他不给我，我就想报复他，所以今天才……"当卫兵带走了内侍后，大臣们都凑了过来，其中一人问道："陛下怎知是内侍栽赃他人呢？"小皇帝说道："假如库房闹了鼠害，那这么小的鼠粪就会被蜜浸透，内外都很湿软，而这粒鼠粪外边湿了，里面却是干的，说明是刚刚放进去的，而去取蜂蜜的只有内侍一人，那么除了他，还会是谁呢？"

大臣们听后，个个赞叹不已，从此后对这个小皇帝心悦诚服，并尽心尽力协助他治理国家。

小故事大道理

很多的事情并不是一眼就可以看透的，小疏忽可能造成大的问题。所以我们不管做什么事情都要谨慎、仔细，这样才会成功。

合成一"家"多欢乐

◇佚名

> 灵感是一个不喜欢拜访懒汉的客人。
> ——车尔尼雪夫斯基

玉村浩美是日本普拉斯文具公司的一位女职员。公司出产的文具质量好，价格低，一度很受消费者的欢迎。但是，近来由于人事变动过于频繁，公司经营不善，处于破产的边缘。

事业心极强的玉村浩美，为了公司谋求生存，她想到了以"文具组合"的形式来卖商品，从而替代先前文具的单个销售。

她的"文具组合"说来也很简单，就是把"尺子、透明胶带、卷尺、小刀、订书机、剪刀、胶水"7件小文具装在一个盒子里出售。

在会议上讨论玉村浩美的建议时，分为两派：一派认为，本来分散的小文具经过组合后，一笔生意等于原先的7笔生意，销售额就会随之增加。另一派则认为，在生活中，人们往往只缺少一两样文具，何必去一次购买7件文具呢？

玉村浩美的计划实施起来比较容易，公司准备尝试一下。

没想到，"文具组合"一经问世，竟成了热销商品。原来，人

们使用小刀、尺子、胶带之类的文具，喜欢随用随丢，经常在用时找不到，而"文具组合"的7件文具各有其位，就不会出现随用随丢的现象了，况且7件文具组合也不贵。

公司从1995年开始销售"文具组合"，在短短的16个月内，竟然销售了340万个，公司摆脱了经营困境，飞速发展起来了。董事们后来从中又总结出一条成功经验，他们发现，原来分散的小文具只有"使用价值"，而将文具组合起来，不但有使用价值，而且有了"保存价值"。于是，顾客的购买心理便从"想使用"变成了"想拥有"，这正是畅销的真正原因所在。

小故事大道理

大多数情况下，内容决定了形式。不过打破固有的思维模式，你就会发现，有的时候，形式的改变也会带来意想不到的结果。把每个单一的方面结合在一起，综合考虑事物的发展方向，用新的视角改变旧的形式，创新的形式有利于事物向好的方向发展。

阳光是最好的使者

◇佚名

[灵感，是由于顽强的劳动而获得的奖赏。
　　　　　　　　　　——列宾]

　　冰岛特殊的地理位置，使生活在这里的丹麦人芬生，常常在几乎没有白昼的漫长冬天里因为见不到阳光而心烦意乱，毫无生气。而每到了几乎无黑夜的夏天，在阳光的照射下，人们总是显得那样生机勃勃。由此，他意识到阳光对人们的心理和生活有着明显的影响。但这是为什么呢？正是带着这种疑问，在中学毕业时，芬生又回到丹麦，以优异的成绩考取了丹麦哥本哈根大学的医学院。从22岁开始，他在学习之余就注意探讨阳光对生命和健康的影响，一方面观察，一方面广泛搜集资料。30岁时，芬生在获得医学博士学位后，留校任解剖学助教。从此，他对光线与人体健康的研究进入到了实质性的阶段。

　　1893年，芬生利用光线治疗天花的实验首次获得成功。

　　实验结果表明，光谱中不同性质的光线对人的机体的作用各不相同。光谱中高折射的紫端光线（紫外线），使天花病人皮肤起水

泡,发高烧;而光谱的另一端低折射的红外线则促进天花痊愈。因此,利用红外线照射治疗天花病人的面部,就能够保护他们完整不变的面容。从这一实验中,他还发现了有些光线具有较强杀菌功能的奥秘。

在他发现这一奥秘后不久,他自己因严重的疾病而病倒了,他不得不和年轻贤惠的妻子一起回到冰岛的一个海滨渔村休养。来这里后不久,他发现在当地的渔民中流行着一种可怕的传染病——狼疮,这是一种非常难治的皮肤结核病,它主要是损害人的五官和面颊,患者大多都因无法医治而被夺去生命。面对这种情形,作为医生的一种强烈责任感使芬生把自己的疾病和休养的事置之度外,进行利用光线治疗狼疮的试验。经过对以前利用红外线治疗天花的试验的详细分析,他初步确认,治疗狼疮可能要利用化学性的紫外线才有效。但要进行这种试验,必须重新改造原来的实验装置,即要研制出滤除光线中红外线的滤光装置和增加紫外线强度的聚光装置。他带着病痛,在妻子的协助下夜以继日地工作,一台进行紫外线治疗的新的实验装置终于研制成功了。1895年11月的一个隆冬,芬生利用紫外线治疗狼疮的试验获得了成功,为狼疮患者重新带来了生命的希望和生活的福音,人们都称他为"利用光线治疗的神医"。

1903年12月10日,丹麦举国上下欢腾,祝贺芬生被授予诺贝尔医学奖。

小故事大道理

阳光可以照亮我们心灵深处的黑暗,而奉献的生命更如阳光般温暖人的心田。温暖总会给人以希望,给人以被爱的感觉。一个人的价值并不是他多富有,而是他是否用自己的阳光把别人的生命照亮。

妙计摘帽
◇佚名

[灵感全然不是漂亮地挥着手，而是如健牛般竭尽全力工作的心理状态。
——柴可夫斯基]

最近，一家影院的经理苦恼极了！事情是这样的：影院每次放映，总有一部分女观众戴帽入座。坐在后面的观众，整场电影下来只看得到一顶顶形式各样的帽子，所以极为不满，一致要求影院应禁止女观众戴帽子，否则，他们就不来这里看电影了。

于是影院经理贴出通告要求女观众脱帽入座，可谁也不放在心上，他苦口婆心地一个一个去请求，可谁也不理睬。更让他气愤的是，原本不戴帽子的观众，见他如此大费周张，竟像跟他唱对台戏似的，也戴起了帽子。一时间，戴帽子的人比原来还要多了，这真是让他伤透了脑筋。

这几天，影院经理都在苦苦思考着这件事，观众的强烈不满时刻出现在脑海中，而女士们的固执己见也挥之不去，可不管怎么样，女士们的帽子是非摘不可的。如果不摘，再这样下去，观众恐怕会越来越少，一定要想个办法让女士们心甘情愿地摘掉帽子。

终于，经理想到了一条妙计。这些不愿摘掉帽子的女士，不就是认为戴帽子很美吗？她们孜孜不倦地追求美的信念是不可摧毁的，但是，反过来说，这是不是也是解决问题的突破口呢？

第二天，影院的大门贴出了一张这样的通告：

尊敬的女士们，经过我们不懈的努力，有许多女士从大家的利益出发，已经愿意主动摘下帽子，我们表示感谢！但从人道主义出发，我们影院愿意照顾年老的女士，她们可以不脱帽子进入影院。

此通告一出，所有进影院的女士都一声不吭地把帽子摘了下来，一连几个月，都没有一个人继续戴帽子。

小故事大道理

处理问题就要从这个问题的根本入手，追根究底，还要熟知对方的心理，这样打心理战术赢的几率就会比较大。用最少的时间找到最好的解决问题的办法，寻找打开一扇大门的契机。

课堂上的发现 ◇佚名

> 如果我们过于爽快地承认失败，就可能使自己发觉不了我们非常接近于正确。
> ——卡尔·波普尔

400多年前，著名科学家伽利略在威尼斯的一所大学里教书。有些医生找到他，诚恳地请求道："先生，人生病时，体温一般都会升高。您能不能想个办法，让我们可以准确地测量体温，帮助诊断病情呢？"

医生的敬业精神让伽利略感到钦佩不已。他花了很多时间来研究这种类型的医疗器具，但效果总是不尽如人意。

一天，在实验课上，伽利略问学生："我们用罐子烧水，当水开了以后，为什么水会上升呢？""根据热胀冷缩的原理，当水的温度达到沸点时，它的体积会增大，水就会膨胀、上升。相反，如果水冷却了，它的体积就会缩小，水就会下降。"一个学生做出了正确的回答。

虽然这只是一个常识性的问题，但它对伽利略来说，就像是一道闪电照亮了夜空。他兴奋地想：液体和气体的温度发生变化，体积也会随之而改变。那么，从它们的体积变化，不是也能测出温度的变化吗？

根据这一思路，伽利略终于成功研制出了世界上第一支体温计，它是利用气体的热胀冷缩原理制成的。体温计是一根有刻度的细长形玻璃管，它封闭的一端呈球形，未封闭的一端插在水里。使用时，医生要让病人握住玻璃管。一旦管中的空气受热后，它的体积会产生变化，水的高度也会随之而改变。这时，只要看看玻璃管上的刻度，就会知晓病人的体温。

可是到了寒冷的冬天，玻璃管里面的水被冻成了冰，体温计全都被撑破了。为了解决这个问题，伽利略选择了用酒精来代替水。

从1858年起，体温计开始正式应用于临床诊断。在高新科技飞速发展的今天，人类已经研制出更先进、更准确的体温计。

但是，伽利略在400多年前的发明，就像一座里程碑，被人们永远铭记。

小故事大道理

灵感主要来源于生活，生活中的一点提醒或许就会有一个新的灵感。灵感是创新的基石，每一个创新，都会有一条与众不同的新路。创新的脚步每向前走一步，就是人类前进的一大步。

能指路的手帕

◇佚名

> 真理的大海,让未发现的一切事物躺卧在我的眼前,任我去探寻。
>
> ——牛顿

在日本东京闲逛,随处可见"夫妻店",店面虽小,但生意大多红火。它们就像小小的虾子一样,蕴涵着盎然生机。在超市卖场的夹击围攻中,他们顽强地生存下来往往有赖于各自不寻常的经营妙方。有一家专卖手帕的"夫妻老店",尽管店铺靠街,手帕质量也过硬,但由于超级市场的手帕品种更多,花色更新,他们竞争数月,总是不赢。生意日趋清淡,眼看经营了几十年的老店就要关门了,夫妻俩对天长叹,他们在焦虑中度日如年。

一天,夫妻俩坐在小店里漠然地注视着过往行人,已经懒得再去召唤顾客。不过,总有一些背着大包小包的旅游者,一脸迷茫地走到他的店铺前来问路。来问路的人挺多,可买东西的人却寥寥无几。再有人来问,老板娘已经有点不耐烦了,回答的语气也是冷冰冰的,不带一点儿热情。正在老板娘对问路的人大发牢骚的时候,坐在一旁的丈夫忽然用手猛拍一下大腿,忘乎所以地叫了一声,

把老板娘吓了一跳,以为他急疯了,正要上前安慰一下,只听他念念有词地说:"导游图,印导游图。""改行?"妻子惊讶地问。"不不,手帕上可以印花、印鸟、印水,为什么不能印上导游图呢?一物两用,实惠方便,一定会大受游客们的青睐!"

老伴听了,恍然大悟,连连称是。于是,这对老夫妻立即向厂家订制了一批印有东京交通图及有关风景区导游图的手帕,并且广为宣传。这个点子果然灵验,销路大开。他们的夫妻店绝处逢生,财运亨通起来。

小故事大道理

机会有的时候就躲在拐角处,这就要看你的思路是否愿意转一个弯,迎接机会给你带来的转变。不要怨天尤人,机会总在,只要你用锐利的眼睛和敏捷的头脑去寻找,相信机会一定会给你以指引,带你走向成功之路。

阿尔卑斯山上的往事

◇佚名

> 谬误的好处是一时的，真理的好处是永久的；真理有弊病时，这些弊病是很快就会消灭的，而谬误的弊病则与谬误始终相随。
> ——狄德罗

17世纪中期，法国国王亨利四世开始了对新教徒的疯狂迫害。一位名叫丹尼·帕平的年轻人，为了逃脱这场浩劫，只得远离家乡，前往瑞士避难。

帕平是一位医生，同时也是物理学家和机械师。他沿着阿尔卑斯山艰难跋涉，一路上风餐露宿，渴了喝山泉水，饿了就在附近的农田里找点土豆煮着吃。

日子一天天过去，帕平翻山越岭，离瑞士边境越来越近了。在连续好几个小时的步行之后，他终于爬上了一座山峰。帕平打算先在这里休息一下，吃点东西再上路。

说做就做，帕平找了一些树枝，架起篝火，开始煮起土豆来。可是，不知道为什么，锅里的水开了很久，土豆依然没有熟透。为了补充体力迅速前行，帕平只好无可奈何地把没熟的土豆吃了下去，那种涩涩的感觉给他留下了很深的印象。

在瑞士,帕平的生活总算恢复了往日的安宁。几年后,他的人生终于有了转机——英国的一家科研单位聘请他前去工作。

虽然帕平的生活条件渐渐好了起来,但对那件发生在阿尔卑斯山上的往事,他仍然记忆犹新。为什么水开了土豆仍然煮不熟呢?他翻阅了许多资料,最后终于发现了其中的奥秘。那就是:大气压力和水的沸点之间存在着密切的联系。气压高时,水的沸点就高;气压低时,水的沸点也低。山上大气稀薄,气压低,水的沸点就低。所以尽管水开了,但热度不够,根本没法煮熟土豆。

有一天,帕平应邀参加了一场盛大的午餐会。可是在吃饭时,他发现厨师做的牛肉又老又硬,根本没法下咽。阿尔卑斯山上的经历再一次出现在他眼前,帕平突然想到:既然大气压力和水的沸点有关,那么,增大气压就能使水的沸点升高,这样一来,煮熟食物的时间就一定会缩短。对了,我们能不能采用人工增压的方法,缩短这段时间呢?想到这里,他决定试试看。

根据设想,帕平自己动手做了一个密闭容器。他要利用加热的方法,让容器内的水蒸气不断地增加,但又不散失。只要容器内的气压增大,水的沸点就会越来越高。可是,当他睁大眼睛盯着容器加热的时候,里面却发出了咚咚的声响。帕平吓坏了,只好暂时停止试验。

又过了两年,帕平按照自己的新想法绘制了一张密闭锅图纸,请来专业技师进行制造。另外,帕平又在锅体和锅盖之

71

间加了一个橡皮垫，并且在锅盖上方钻了一个孔。这样一来，就解决了锅边漏气和锅内发声的问题。试验证明，帕平成功了！他把土豆放入锅内，只用了十多分钟，土豆就煮烂了。然而，帕平并不满足，他要发明出能够在最短的时间内煮好食物，既安全又方便的锅。

1681年，帕平终于制造出了世界上第一个高压锅，它在当时被称为"消化器"。为了对它进行"鉴定"，帕平邀请英国皇家学会的会员们来参加午餐会。当那些满腹经纶的专家还没有喝完一杯茶的时候，一盘盘热气腾腾、香味扑鼻的清蒸鸡就已经摆在他们的桌上了。尝尝看，不光是鸡肉熟透了，连鸡骨头都软了。

就在这一年，帕平专门写了一本有关高压锅的书。这本书的内容既包括了高压锅结构图和说明文字，还详细介绍了用它做羊肉、牛肉、兔子肉、鲭鱼等食物的方法。帕平一再强调，用这种烹调方法能大量保留食物的香味和营养成分。英王查理二世对这一发明非常感兴趣，他还特地请帕平为他制造了一个高压锅，放在白金汉宫中的实验室里。

从此，帕平和他的高压锅一起名扬世界。

小故事大道理

在生活中发现问题，这样才有可能解决问题。解决问题的途径不止一个，只要多多观察、勤于动脑，同时转变看问题的视角，你就会发现原来解决一个问题并非难事。当然，灵感也会加快解决问题的速度，把创新和思考结合起来，就会有意想不到的效果。

第三辑
探索无人涉足的地方

我从来不用记忆和思考词典、手册里的东西,我的脑袋只用来记忆和思考那些还没载入书本的东西。

荒凉的也是未开发的

◇佚名

[凡在小事上对真理持轻率态度的人，在大事上也是不足信的。
——爱因斯坦]

里克特经过三番五次的笔试、面试，终于如愿以偿地进入了一家大公司。可是，在去市场部报到的第一天，他却发现自己是没有地盘的营销代表。在市场部，几个老业务员已经极其周密地分了工，把容易出业绩的地区全部占据了。

里克特一来，市场部经理就主持召开了目标市场重新分配会议。在会议上，经理百般启发，希望几个老业务员有点觉悟，将部分市场让给里克特，要不然，带里克特一起跑业务，让他出点业绩也行。经理暗示了老半天，那几个老业务员只顾聊天，装作听不懂，经理渐渐也没了主意，一脸尴尬地看着里克特。这也难怪，搞

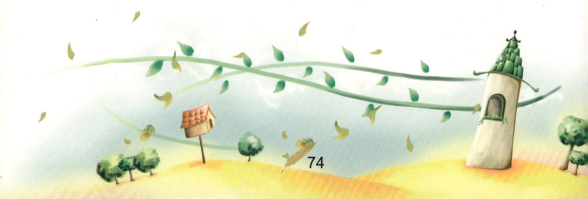

业务的，市场就是命根子，市场把得牢，就容易出业绩。

经理最后无奈地对里克特说："我有几个地区，但不好做，你要不嫌弃，咱们就一块儿跑。"里克特却婉言拒绝了。

里克特的校友、在同一公司任技术员的帕克斯见他按兵不动，以为他束手无策，就给他支招儿："里克特，现在要靠业绩吃饭，你不能太老实了，那些老业务员把地盘圈完了，还把持着不让别人动，这规则是谁定的？你谁都不用计较，看好的地，就大胆地去圈。"里克特对帕克斯的劝告一笑了之，他不希望自己与老业务员闹到"同行是冤家"的地步，变成戒备、防范和对峙的关系。他试着说服自己：看起来地是被圈完了，但市场这么大，一定还有许多处女地。

里克特开始到销售网覆盖以外的空白地区开拓市场。他认真观察，周密地进行市场调研，科学地分析数据，脚踏实地地去做客户的工作。一个月后，他终于在一个偏远的地区建立了办事处，并且销售额逐步稳中有升。这让那些老业务员瞠目结舌："嘿，这个年轻人很厉害啊！我怎么没发现那些地区能出单呢？"

现在，里克特与老业务员的关系也发生了很大的转变，不再是剑拔弩张，而是和谐融洽。老业务员也松了一口气，并且经常传授一些业务经验给他。里克特很快就成了公司的业务精英。

小故事大道理

敢于第一个吃螃蟹的人，是最伟大的，因为他是第一个拓荒者，他敢于走别人没有走过的路，这就是强者。对于自己，谁都有权利去开拓属于自己的人生，生活需要另辟蹊径，谁都可以笑对人生。

谁偷了小刀

◇佚名

> 人的天职在于勇于探索真理。
> ——哥白尼

朱利安是城里著名的北极探险家,关于他的故事在这座城市家喻户晓。但他却在年富力强之际突然病逝。

葬礼过后,一些朋友跟着老管家回到朱利安的住处,朱利安的妻子招呼大家喝茶休息,客人三三两两,聊起朱利安生前的探险故事。查尔从客厅踱进了书房,这里也是朱利安的陈列室。满墙挂着他在北极的各种照片,桌子上摆着好几个因纽特人的石雕,千姿百态。地上摆着一架雪橇,雪橇上放着因纽特人特有的服装,旁边一个玻璃罩里是一只企鹅的标本。朋友们聊了一会儿,就起身告辞,正准备离开,只见管家匆匆忙忙地奔了过来,在朱利安夫人的耳边说了几句。夫人不好意思地请大家留步,老管家告诉大家,他发现摆在书房里的一把精致的小刀不见了,可就在他把饮料端给在书房的客人时,那把小刀还在。

小刀是朱利安从因纽特人那里买来的,是他生前最珍爱的东

西，他还特地给刀鞘镶上了珍贵的宝石。客人们一阵骚动，也就是说盗贼就在大家中间了。查尔对朱利安的妻子说："您去请警察来吧，这样也好证明我们的清白。"警察来了，提出要搜客人的身。虽然不大愿意，但大家还是在警察的监督下，一个个走进书房。查尔最后一个走进书房。警长搜过之后，奇怪地说："没有什么发现啊，难道小刀插翅飞了不成。现在也只好放人吧。"查尔四处环顾着，突然看见了一样东西，于是笑着对警长说："窃贼就在客人里，而小刀也还在这间屋子。"警长大吃一惊，连问他怎么知道，查尔只是告诉警长，谁送的这只企鹅标本，他就是窃贼。过了几

天，警长来找查尔，告诉他，有一个客人说企鹅标本是自己送给朱利安的，既然朱利安已经去世，现在想要回。

　　警长向查尔请教，查尔笑着说："我只是观察到朱利安的书房里都是北极的东西，却出现了企鹅这个南极的标本，可他并没有去过南极。而且我还注意到罩着企鹅的玻璃罩开了一条缝，有人动了它。刀子藏在身上很容易被人发现，藏在标本里，再以赠送人的身份要回，一点都不会引起别人的怀疑。"

　　警长不由得佩服起查尔的智慧。

小故事大道理

　　我们要有一双善于发现的眼睛，发现生活中的发光点，领略一个新的领域所带来的新鲜和乐趣。很多时候一件事物可能会呈现出它不同的一面，这个时候就需要你的慧眼了，只要你细心一点，就会有很多的收获。

探索无人涉足的地方

◇佚名

> 一切推理都必须从观察与实验中得来。
> ——伽利略

1899年,爱因斯坦在瑞士苏黎世联邦工业大学就读时,他的导师是数学家明可夫斯基。由于爱因斯坦肯动脑、爱思考,深得明可夫斯基的赏识。师徒二人经常在一起探讨科学、哲学和人生。有一次,爱因斯坦突发奇想,问明可夫斯基:"一个人,比如我吧,究竟怎样才能在科学领域,在人生道路上,留下自己的闪光足迹,做出自己的杰出贡献呢?"

一向才思敏捷的明可夫斯基却被问住了,直到三天后,他才兴冲冲地找到爱因斯坦,非常兴奋地说:"你那天提的问题,我终于有了答案!""什么答案?"爱因斯坦迫不及待地抱住老师的胳膊,"快告诉我呀!"

明可夫斯基手脚并用地比画了一阵,怎么也说不明白,于是,他拉起爱因斯坦就朝一处建筑工地

走去,而且径直踏上了建筑工人刚刚铺平的水泥地面。在建筑工人们的呵斥声中,爱因斯坦被弄得一头雾水,非常不解地问明可夫斯基:"老师,您这不是领我误入歧途吗?""对,对,歧途!"明可夫斯基不顾别人的指责,非常专注地说,"看到了吧?只有这样的'歧途',才能留下足迹!"然后,他又解释说:"只有新的领域,只有尚未凝固的地方,才能留下深深的脚印。那些凝固很久的老地面,那些被无数人、无数脚步涉足的地方,别想再踩出脚印来……"

听到这里,爱因斯坦沉思良久,非常感激地对明可夫斯基说:"恩师,我明白您的意思了!"

从此,一种非常强烈的创新和开拓意识,开始主导着爱因斯坦的思维和行动。于是,就在爱因斯坦走出校园、初涉世事的几年里,他作为伯尔尼专利局里默默无闻的小职员,利用业余时间进行科学研究,在物理学三个未知领域里,齐头并进,大胆而果断地挑战并突破了牛顿力学。在他刚刚26岁的时候,就提出并建立了狭义相对论,开创了物理学的新纪元,为人类做出了卓越的贡献,在科学史册上留下了深深的闪光的足迹。

小故事大道理

打破常规的思维模式,才能成就大的事业。思路打开了,你就会发现人生的道路上还有很多有待开发的新的领域,用你聪明、智慧的大脑有效地指导自己的人生,就会开拓出一片崭新的天地。

精明的鱼缸销售商

◇佚名

> 要学会做科学中的粗活儿。要研究事实，对比事实，积聚事实。
> ——巴甫洛夫

  商人到小镇上去推销鱼缸，尽管鱼缸工艺精细、造型精巧，但问津者寥寥。

  于是，商人在花鸟市场找了一个卖金鱼的老头，以很低的价格向他订了500尾小金鱼。老头很高兴——他在小镇卖金鱼多年，生意一直惨淡。商人让担着金鱼的老头和他一起来到穿镇而过的水渠上游，说："把这500尾金鱼全都投进去，你只管放，买鱼的钱我一分不少地给你。"

  刚过半天，一条消息就传遍了小镇：水渠里，不可思议地有了一尾尾漂亮、活泼的小金鱼！镇上的人们争先恐后涌到渠边，许多人跳到渠里，小心翼翼地寻找和捕捉小金鱼。

  捕到小金鱼的人，立刻兴高采烈地去买鱼缸，那些还没捕到的人，也纷纷涌上街头抢购鱼缸。大家都兴奋地想：既然渠里有了金鱼，虽然自己今天没捕到，但总有一天会捕到的，那么买鱼缸早晚

都能派上用场。

　　卖鱼缸的商人把售价抬了又抬，但他的几千个鱼缸很快就被人们抢购一空。欣喜若狂的商人想，如果不是自己灵机一动在水渠里投放进区区500尾小金鱼，自己那几千个玻璃鱼缸不知要卖到何年何月呢。

小故事大道理

　　为了实现自己的目标，就要转换自己陈旧的思维。很多时候这条路走不通就要换一条路走，说不定另一条路反而是捷径。在转换中寻找一个更适合自己的路，然后坚持着一直走下去。

迎新春晚会 ◇佚名

> 我的那些最重要的发现是受到失败的启示而做出的。
> ——戴维

元旦马上就要到了,老师让文艺委员灰灰和亮亮组织班上的迎新春文艺晚会的筹备工作。

灰灰和亮亮劲头十足,两个人找了不少资料,想看看到底怎么搞出一个既有新意又有特色的文艺晚会。要知道今年学校里有新春晚会的评选比赛,到时候要看看哪个班的新春晚会搞得最好。

灰灰和亮亮想了很多主意,开始还觉得蛮不错,可是后来灰灰去其他班级一打听,他们想的法子别人基本上都想过了,如果就这样参加评选,肯定拿不到奖。

灰灰和亮亮都觉得有点灰心了,灰灰干脆说:"要不我们就随便搞一个算了,我也不想拿什么奖了。厉害的人那么多,我们拿什么去和人家比啊?"亮亮也有点泄气,可是还不肯就此罢手。他想了想,对灰灰说:"要不我们在班上召开一个会议,号召大家出谋划策怎么样?"

"你拉倒吧,我们俩是文艺委员都没有办法,你还能找谁去啊?"灰灰没精打采地说。

"可不能这么说啊,人多力量大嘛,如果能集合大家的智慧,说不定能有很好的创意。"

"那好吧,我们试试。"灰灰答应了。

没想到,这个问题在班上一拿出来讨论,所有的同学都很积极地献计献策,他们搜集了不少好的点子。在大家的帮助下,他们很认真地策划晚会的每一个细节。每个同学都认真做准备,力争把自己的节目做到最好。

在最后的新春晚会评选上,灰灰和亮亮策划的晚会终于赢得了第一名的好成绩。

小故事大道理

集体的智慧远远强于个人的智慧,群众的力量是不可小觑的,只有发动群众的力量集思广益才会有更多好想法。每个人的思维方式几乎都是不同的,把大家的想法都集结在一起,这样考虑问题就会很全面。

让魔法成为真实
◇佚名

> 你不可能用完创造力。使用得越多，你就拥有越多的创造力。
>
> ——玛雅·安杰洛

18世纪末，巴黎市区内出现了一个巡回演出的"魔法"表演队，其领队是法国人罗伯尔。每到一个地方，罗伯尔总是用黑布搭起一个能遮光的暗室帐篷。表演开始时，他口念咒语，手舞足蹈，这时场内的灯突然熄灭，帐篷内一片漆黑。就在观众感到惊奇和紧张之际，一些张牙舞爪的怪物和面目狰狞的魔鬼向人们扑来。这时，大人们屏住呼吸，小孩们惊叫起来。其实，帐篷里并没有什么鬼怪，罗伯尔也没有什么魔法，人们看到的是一种"魔术幻灯"表演。罗伯尔在观众周围支起了薄纱做成的半透明映幕，用多台幻灯投映，画在玻璃片上的画面从映幕后面投到映幕上。由于罗伯尔严格保守秘密，加之当时科学不发达，在近十年中，人们一直弄不清罗伯尔玩的是什么法力，甚至有人请求他召唤自己已故亲人的灵魂。

这种"魔术幻灯"使罗伯尔赚了许多钱。实际上，幻灯早在

1654年就问世了，它的发明人是德国犹太学者基歇尔。基歇尔制作的幻灯看上去像一只小铁皮箱，箱子的顶部有一根供窥视用的小铁管，箱子的前部装有投放映像的镜头，这个简单的镜头由一块镜片和滑动圆筒构成。镜头与铁皮筒之间安有一块调焦板。这种幻灯的光源是蜡烛和油灯，后来改为钨丝灯和电弧灯。箱内有一个会聚反光镜，将光线聚集后射向画面和镜头，光线通过镜头后就成了光柱。这种幻灯在问世后相当长的一段时间内，主要用于教学。

小故事大道理

人类的每一次创新，都要历经百转千回的实验、实践，创新的目的就是让我们可以生活得更便捷、更安逸。其实创造就是一个魔法，它让我们把梦想变成现实。

别让新奇的念头溜走

◇逸凡

> 科学是没有国界的,因为她是属于全人类的财富,是照亮世界的火把,但学者是属于祖国的。
> ——巴斯德

生活中,我们每天都会产生新奇的想法和念头,但绝大多数人只是把它当成一个念头而已,想想就过去了,却不知这些念头中潜藏着巨大的商机。因此,获得财富的人和穷困一生的人之间,就差那么一点点——前者把新奇的念头紧紧抓住了,而后者却把它轻易放过了。

商业奇才、身家达数亿英镑的超级女富豪安妮塔·罗蒂克在做化妆品生意之前,是个喜欢冒险的嬉皮士,她尝试过多种职业,做过不少生意,但都失败了。一天,她在与男友聊天时,突然产生了一个神奇的念头,便马上按照那个念头去做了。于是,她成功了。

这个念头是:为什么我不能像卖杂货和蔬菜那样,用重量或容量的计算方式来卖化妆品?为什么我不能卖一小瓶的面霜或乳液,而不是把大部分成本花在精美的包装上,并以此来吸引消费者?

她开始按照这个想法去运作。然而,就在安妮塔费尽心机,把一

切都准备好后,一位律师受两家殡仪馆的委托控告安妮塔,让她要么不开业,要么改掉店名。其原因是,她的"美容小店"这种花哨的店名,势必会影响旁边的殡仪馆庄严的气氛,破坏他们的生意。

百般无奈之中,安妮塔又有了新的念头。她打了个匿名电话给《观察晚报》,声称她知道一个吸引读者的新闻:黑手党经营的殡仪馆正在恐吓一个手无缚鸡之力的可怜女人——安妮塔·罗蒂克,这个女人只不过想开一家美容小店维持生计而已。

《观察晚报》在显著位置报道了这个新闻,人们纷纷来美容小店安慰安妮塔,这使她的小店尚未开张就已经名声大振。安妮塔尝到了不花钱做广告的绝妙滋味,在她日后的经营中,直到她的美容小店成为大型跨国企业,她都没有在广告宣传上花一分钱。

开业之初的热闹过去后,有一段时间安妮塔的生意很冷清。她冥思苦想,又有了一个出人意料的好念头。

在凉风习习的早晨,当市民们去肯辛顿公园的时候,总会发现一个奇怪的现象:一个披着长发的古怪女人沿着街道或草坪喷洒草莓香水,清新的香气随着晨雾四处飘散。人们驻足观看,忍不住发问:这个古怪的女人是谁?她当然就是安妮塔。于是,安妮塔带着她的草莓香水瓶,又一次登上了《观察晚报》。

她说，她要营造一条通往美容小店的馨香之路，让人们闻香而来。很快，她的生意又逐渐兴旺起来。

美容小店的一切都给人一种与众不同的感觉：简易的包装，用装药水的瓶子装化妆品，标签是手写的——最开始是因为负担不起印刷费用，但这个独特风格却保留下来了。安妮塔的产品没有说明书，只是以海报的形式贴在店里，成了美容小店经营的显著风格。店里甚至有一段时间还摆上了艺术品、书籍之类的东西出售。这一切使她的小店生意红火，不到半年时间，她在别人的投资下，又开了第二家美容小店。很快，她开了第三家、第四家同样风格的小店……1978年，安妮塔的第一家境外连锁店在比利时的布鲁塞尔开张营业。

小故事大道理

有的时候我们就是要捕捉生活中新奇的念头，有惊讶才会有想挖掘其原因的欲望。一个人有对新事物追本溯源的想法才会激发他智慧上的潜能，才会得到意想不到的答案。

钱包是谁的
◇佚名

> 研究真理可以有三个目的：当我们探索时，就要发现真理；当我们找到时，就要证明真理；当我们审查时，就要把它同谬误区别开来。
> ——帕斯卡

笨笨是光明小学四年级二班的学生，他平时最懒得思考问题了。

一个星期天的下午，他一个人在家翻了一会儿课本，看了看老师布置的作业，实在懒得去想怎么做，决定还是明天去学校抄其他同学的算了。于是笨笨把书一扔，一个人跑到街上逛了起来。

周末街上的人可真不少，笨笨个子小，就在大人中间穿来穿去，漫无目的地逛着。突然眼尖的笨笨看见地上不远处有一只黑色的钱包。

笨笨忙几步上前捡了起来。笨笨朝四周看了看，没发现有谁来寻找钱包，不知该怎么办。

这时一个黄头发的小伙子看到了这一幕，马上就说："哎呀，这钱包是我丢的。小朋友，谢谢你捡到还给我啊。"说着就伸手去拿钱包。

笨笨觉得有点儿纳闷，正在犹豫要不要给他的时候，对面又来了一个戴眼镜的叔叔。他一看到笨笨手里的钱包，眼睛一亮，说道："小朋友，你这个钱包是不是刚才捡到的？这是我的，刚才不小心弄丢了，你还给我好吗？"

"哟，谁说就是你的了，我还说是我的呢！"黄头发小伙子在一边怪声怪气地说道。

"是我的！"眼镜叔叔也不示弱。

"是我的！"

两个人开始争执起来，一个比一个嗓门高。

笨笨在一边可犯难了，这可怎么办呢？见他们没有停下来的意思，笨笨只好自己开动脑筋了。

他脑瓜一转，计上心头，说："你们别吵，你们都说钱包是自己的，那你们说说里面有几张银行卡？"

黄头发小伙子撇撇嘴说："三张吧，具体多少我也记不清楚了。"

眼镜叔叔眼睛滴溜溜一转，说："一张吧，应该是的。我不记得了，是老婆放在我钱包里的，你看看就知道了。"

笨笨心里有了数，突然，他猛地喊了一声："警察叔叔，快到这儿来！"

黄头发小伙子和眼镜叔叔一听，也顾不上拿钱包了，"哧溜"，跑得飞快。

原来，钱包里根本就没有银行卡。当然，警察也不会这么巧就出现。最后，笨笨把钱包交给了警察叔叔，警察叔叔还夸他是个聪明的孩子呢！

小故事大道理

大人们不要忽略小孩子的智慧，遇到事情他们也会动脑筋去想，去思考解决问题的办法。就像文中的笨笨，他其实一点也不笨，在拾金不昧这方面，他做得比两个大人都好。大人们在教育孩子的同时，也不要忘了时时检讨一下自己。

空想家的太空梦

◇佚名

> 我们每个人同样有着自己的梦想,或伟大,或渺小,或远在天边,或触手可及……坚持不一定成功,但放弃一定会失败。
>
> ——佚名

齐奥尔科夫斯基是苏联的科学家,他小时候是个异想天开的孩子。8岁生日的时候,母亲送给他一个大氢气球作为生日礼物,氢气球能在空中自由飘动,这引起了他极大的兴趣。他常常聚精会神地仰望天空思索:能否乘坐气球去航行呢?

齐奥尔科夫斯基怔怔的表情,总是惹来家人的注意,他们戏称他是个空想家。

10岁时,齐奥尔科夫斯基患了猩红热引起并发症,完全失去了听觉。但是,齐奥尔科夫斯基升天的梦想并没有随着病情的恶化而丧失,他也依旧没有对自己和未来失去信心。

他白天到图书馆刻苦自

学，一到晚上，他就尽情地展开想象的翅膀，设想出种种理想客体，来实现飞行的愿望。齐奥尔科夫斯基想："能否制造一个永远悬在天空中的金属气球呢？能否发明一种航天飞行器呢？能否利用地球旋转的能量呢？"

齐奥尔科夫斯基总是把自己的设想或疑问说给他周围的人听，结果被很多人贬为"无用的空想家"和"狂妄的设计师"。但是，这一切都没有阻挡他探索攀登的步伐。

尽管跋涉的路上充满了数不清的艰辛，但是，"有志者事竟成"。1888年，他阐明了宇宙飞船的设计方案。1903年，他又发现了著名的齐奥尔科夫斯基公式——火箭运动公式。他首次提出液体燃料火箭的思想，并设计了世界上第一枚液体火箭发动机的构造示意图。1929年，他首次提出了多节火箭的设想。他还提出了建立星际太空站的大胆设想。现在，再没有人讥笑他是个空想家，也没有人否认他的空想计划，因为，他凭借自己的努力真正使人类实现了升空的梦想。

小故事大道理

尽管梦想是遥不可及的，但是我们可以把它摆放在一个位置，然后每天都有计划地向它迈进，所谓"不积跬步，无以至千里"，只要我们肯努力，梦想触手可及。

笑话里做出大文章

◇佚名

> 探索真理比占有真理更为可贵。
> ——爱因斯坦

为了庆贺母亲的生日,道尔顿特意抽出时间逛商店,他看中了一双深蓝色的高级丝袜。在母亲的寿筵上,他恭恭敬敬地献上精心挑选的礼物:"妈妈,希望您能喜欢这双袜子。"老太太望着孝顺的儿子,满脸喜悦地接过袜子,微笑着说:"傻孩子,这么鲜艳的色彩,我这么大年纪怎么能穿出去呢?"道尔顿不解地看着母亲,急切地说:"这深蓝色的袜子不正适合您这年龄吗?""什么?深蓝色?哈哈哈……"老太太和一起前来祝贺的客人们哄堂大笑起来,都以为道尔顿在开玩笑。这时,道尔顿的哥哥也挤进人群,拿起袜子说:"你们笑什么?这真是深蓝色的袜子啊!""哈哈哈!"又是一阵开心的大笑。

"孩子,这双袜子明明是鲜艳的红

色,就跟红玫瑰的颜色一样,你们俩怎么说是蓝色的呢?"妈妈止住了微笑,亲切地问道。道尔顿愣住了,他见母亲郑重其事的神情,不像在开玩笑,赶紧使劲地揉了揉自己的眼睛,可看到的仍然是一双蓝色的丝袜。怪了!科学家的直觉和理性告诉道尔顿,这里面一定有文章!

那一年,道尔顿与少年朋友一同到郊外玩,碰巧看见一队步伐整齐的士兵走过。这时,身边的一个小男孩忍不住说:"多么鲜艳的红色军装,真帅!""什么?你怎么连颜色都分不清楚,明明是草绿色的军装嘛!"道尔顿说。可是,他的话却引来了小伙伴们的笑声。

"对!一定有问题。"道尔顿决定暂时搁下手头正在进行的化学实验,对这一怪异现象进行研究。经过一段时间的努力,他终于

证实自己和哥哥都因隔代遗传的影响，患有一种先天性的眼科疾病。这种疾病不痛不痒，只是对某些颜色分辨不清，以致有的人根本就不知道自己的眼睛不正常。

笑话闹出了个大发现！善于捕捉科学现象的道尔顿成功地向社会公布了他的研究成果，并将这种眼病称为"色盲"。

小故事大道理

生活中或许有很多的缺憾，但是这些缺憾就像一个个彩色的片段，游走在你生命的回忆中，为你演绎出另外一种美。面对缺憾，我们一定要正视现实，更要把缺憾当成我们创造奇迹的契机。

放大你的价值
◇张翔

[追求客观真理和知识是人的最高和永恒的目标。
——爱因斯坦]

这是一个规模很小的食品公司，生产资金只有十几万元，但老总却很有信心，在单位的文化墙上写着"要做这座城市所有辣酱的第一品牌"。

这样一句豪言壮语，时刻激励着这个公司的员工。

在他们生产的辣酱上市之前，老总想给产品做宣传广告。他本来想在这座城市某个热闹的街头租一个超大的、显眼的广告牌，打出他们的产品——"爽口"牌辣酱，让所有从这里走过的人一下子都能注意到它，并从此认识他们的辣酱。但是，当他和广告公司联系之后，才发现市中心广告位的价格远远超出了自己的想象，他那小小的企业根本承担不起这天价的广告费。

可是老总并没有失望，而是不停地到处打探，试图找到便宜又实惠的广告位置。

经过反复寻找，老总终于选定了一个城市路口的广告位。那里是一个十字路口，车辆川流不息。但有一点遗憾的是，来往的路人行色匆匆，眼睛只顾盯着红绿灯和疾驰而过的车辆。在这里做广告很难保证会取得好效果，但这个广告位只需要几万元，老总马上就租了下来。他想，只要方法得当，在位置一般的地段做广告，照样能够取得好效果。想到这里，老总对自己的计划非常有把握。

对于他的这个决定，员工们纷纷提出质疑，但老总只是笑而不答，仿佛一切成竹在胸。

旧广告牌很快就撤了下来。员工们以为第二天就能看到他们的辣酱广告了，然而第二天，他们看到广告牌上根本就没有他们的辣酱广告，上面只写着这么几个大字："好位置，当然只等贵客！此广告位招租，88万元/年。"

"天哪，这应该是这座城市最贵的广告位了吧！"天价招牌的冲击力毋庸置疑，每个从这里路过的人似乎都会不自觉地停住脚步看上一眼。口耳相传，渐渐地，很多人都知道了这个十字路口上有个贵得离谱的广告位虚席以待，连当地的报纸都对这件事给予了极大的关注。人们纷纷议论，不知道哪个知名品牌会租下如此昂贵的广告位。

一个月后，"爽口"牌辣酱的广告登了上去。

辣酱厂的员工终于明白了老总的用意，无不交口称赞。很快，辣酱的市场迅速打开，因为那"88万元/年"的广告价格早已家喻户晓。

"爽口"牌辣酱成了这座城市的知名品牌，销售额一路攀升。人们品尝过"爽口"牌辣酱之后，纷纷对它的味道赞不绝口。

后来，老总把文化墙上原来的口号擦去，换成了"要做中国第一品牌"的口号。

一位员工迷惑不解地问他:"我们还不是这个城市的第一品牌,为什么要换呢?"

老总意味深长地回答:"价值只有在流通中才能得到体现,但价值的标尺却永远在别人手中。别人永远不会给予你理想的价值,你必须自己主动去做一块招牌,适当地放大自己的价值!"

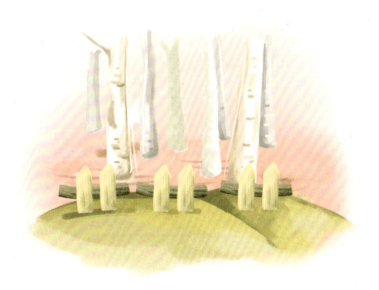

小故事大道理

很多时候我们都需要别人给予我们肯定,可是并不是所有人都会这样做。于是,我们就需要自己抬升自己的价值。只有自己肯定了自己,认清了自己,才有机会让别人去肯定你。

第四辑
敢想就是通往成功的方向

陶醉在成功的喜悦之中的威廉，告别了妻子，带着新发明的机器来到宫廷中拜谒伊丽莎白女王。他希望能得到女王的保护和支持，获得自动编织机的垄断权和专利权，从而得到一笔稳定的收入。

小处关心大处惊人

◇佚名

[小事成就大事,细节成就完美。
　　　——戴维·帕卡德]

　　风行世界的西服,是法国一个叫菲利普的人发明的,他是从渔民和马车夫那里学来的。

　　有一年秋天,秋高气爽,碧蓝的天空中飘荡着几朵白云,满山的红叶像红地毯那样与湛蓝的天空相映衬。这天,年轻的子爵菲利普和好友们结伴而行,踏上了秋游的路途。他们从巴黎出发,沿塞纳河逆流而上,沿卢瓦尔河顺流而下,品尝了南特葡萄酒后来到了奎纳泽尔。想不到的是,这里竟成了西服的发祥地。

　　奎纳泽尔是座海滨城市,这里居住着大批出海捕鱼的渔民。由于其风光秀丽,还吸引了大批王公贵族前来度假,旅游业特别兴旺。来这里的人最醉心的一项娱乐是随渔民出海钓鱼。菲利普一行人也乐于此道,来奎纳泽尔不久,他们便请渔夫驾船出港,到海上钓鱼取乐去了。鱼一旦上钩,人要将钓竿往后一拉,这里的鱼都挺大,菲利普感到自己穿紧领多扣子的贵族服装很不方便,有时用力过猛，甚至把扣子都挣掉了。可他看到渔民却行动自如，于是，他仔细观察渔民穿的衣服，发现他们的衣服是敞领、少扣子的。这种样式的衣服，在进行海上捕鱼作业时十分便利。就是说，敞领对用力的人来说是十分舒服的，也便于大口地喘气；扣子少更便于用力，在劳动强度大的作业中，可以不扣，即使扣了也很容易解开。渔夫的穿着打扮使他受到了启发，回到巴黎后，他马上找来一班裁缝共同研究，力图设计出一种既方便生活又美观的服装来。不久，一种时尚的服装问世了。它与渔夫的服装相似，敞领，少扣，但又比渔夫的衣服挺括，既便于用力，又能保持传统服装的庄重。新服装很快传遍了巴黎和整个法国，以后又流行到整个西方世界。

小故事大道理

生活就像一场展览。善于学习的人会好好把握生活给予我们的新奇，他们在玩闹或者学习中都能够找到属于自己的创新点。实际上感受生活就是在改变自我，而改变自我也就改变了生活！

曹冲称象 ◇佚名

[最初偏离真理毫厘，到头来就会谬之千里。
　　　　——亚里士多德]

三国时期，曹操有个儿子叫曹冲。

当时外国人送给曹操一头大象，他很想知道这头大象有多重，就让他手下的官员想办法把大象称一称。这可难坏了大家，大象可是陆地上最大的动物，这么个庞然大物可怎么称呢？那时候没有那么大的秤，就算有那么大的秤，也没人有那么大的力气把大象抬起来呀！

官员们都围着大象发愁，谁也想不出称象的办法。正在这个时候，跑出来一个小孩子，站到大人面前说："我有办法，我有办法！"

官员们一看，原来是曹冲。

他们嘴上不说，心里却想："哼！大人都想不出办法来，一个五六岁的小孩子，会有什么办法！"

曹操虽然不相信小曹冲能称象，但还是很高兴地说："你有办法就快说出来让大家听听。"

曹冲说："我称给你们看，你们就明白了。"他叫人牵了大象，跟着他到河边去。他的父亲和那些官员们都想看看他到底怎么个称法，就一起跟着来到河边。曹冲先找来一艘空着的大船，命令大家说："把大象牵到船上去！"大象上了船，船就往下沉了一些。

曹冲说："齐着水面在船帮上画一道记号。"记号画好了以后，曹冲又叫人把大象牵上岸来。这时候大船就往上浮起一些来。大家看着曹冲把大象从船上牵上牵下的，心里疑惑不解："这孩子在玩什么把戏呀？"只见曹冲叫人挑了石块，装到大船上去，挑了一担又一担，大船又慢慢地往下沉了。"行了，行了！"曹冲看见船帮上的记号齐了水面，就叫人把石块又一担一担地挑下船来。

这时候，大家总算明白了：石头装上船和大象装上船，那船下沉到同一记号上，可见，石头和大象是同样的重量；再把这些石块称一称，把所有石块的重量加起来，得到的总和不就是大象的重量了吗？

这办法看起来简单，可要不是曹冲做给大家看，大家还真想不出来呢！

小故事大道理

竞争是残酷的，要想立于不败之地就要勤于思考，以智取胜，这样才能真正解决问题。

笑着轻轻拍脑门

◇佚名

[没有一个人能全面把握真理。
——亚里士多德]

在人们的印象中，作为木匠的始祖鲁班因其娴熟的工艺才能，干起活儿来应该是驾轻就熟，游刃有余。可谁知，鲁班也有被难倒的时候。有一次，鲁班率众工匠建造一座华丽的厅堂。眼看就要到盖屋顶的时候了，突然发现因为计算出现了误差，他把名贵的香樟木柱锯短了。要知道，这批香樟木价格昂贵，就算赔偿主人，也会耽搁工期。何况，这家的主人虽然富有，但是为人刁钻霸道，很是不好惹。

鲁班心里惴惴不安，不知道该明确地向主人承认错误，还是想点办法解决，以维护自己的声誉。回到家后，鲁班的妻子正在台阶上晾晒衣服。妻子贤惠聪明，心细如发的她发现鲁班低垂着头，愁眉不展，赶紧走上前，轻声细语地询问。等到鲁班将自己的苦衷说明后，妻子笑着说道："呵呵，亏你还是木工头儿呢，连这种简单的问题也解决不了？"

听到妻子的话，鲁班一把抓住妻子的胳膊，赶紧问道："你有

什么好办法？快点说啊。"

妻子却岔开话题，反问他："你说我的个子高不高啊？"

鲁班顺口就说："不高啊，还不到我肩膀呢。"他不明就里地看着妻子。

妻子紧跟着又问："那我现在怎么同你差不多呢？"

鲁班说："你不是站在台阶上嘛，就和我差不多高了。"话刚出口，鲁班猛拍一下脑门，冲着妻子哈哈大笑。他紧紧地握着妻子的手，眼里满是感激和爱意。饭都没吃，他就返身走出庭院，来到工地上。

后来，鲁班在每根香樟木柱下垫起一块白柱石，暗暗地解决了香樟木短的问题，并且使得厅堂显得更为高大华丽。厅堂的主人也因这意外的构造而异常满意，重重地奖励了鲁班和他的弟子们。

小故事大道理

任何人都不可避免地会犯错，关键看你如何去补救。聪明人都会迎难而上，从别人那里学到有用的东西，然后运用到自己的身上来。而甘心失败的人就会选择逃避，因为他们没有勇气去接受自己所犯下的错。连自己都没有原谅自己，那还要别人怎么对待你呢？

第七只戒指
◇佚名

> 没有大胆的猜测就得不到伟大的发现。
> ——牛顿

　　那年冬天，比往年来得早些，也非常寒冷。曼莎的心情和这寒冬一样，她工作的那家公司因为经营不善而倒闭，她失业了。快到年底了，工作很难找，她在寒风中奔波着，不免有些沮丧。

　　不过，幸运的是，有一家高级首饰店让她去做售货员。圣诞节的前几天，快下班的时候，店里只剩下曼莎一个人，也没有顾客。曼莎刚想关门，这时，店里来了一个中年男子。曼莎很热情地招呼他，但男子却躲开曼莎的目光。突然，电话铃声响起，曼莎连忙跑过去接电话。慌乱中，她把柜台上一个盒子打翻了，里面七只精美的戒指都滚落到地上。她急忙拾起戒指，可是只找到了六只，第七只怎么也找不到了。

　　曼莎抬头看到那个男子开门要离去，一刹那，她明白戒指的去向了。她走过去，轻轻地对他说："先生！"男子停下脚步，曼莎注视着他，脑子不停地转着想办法。

"有事吗?"男子问。

曼莎鼓足勇气,微笑地看着他说:"圣诞节要到了,祝福你圣诞节快乐!"她停顿了一下,"找到这个工作很不容易,我希望用这个月的工资,给家人买份圣诞礼物。"那位男子沉默着,过了一会儿,一丝微笑在他脸上浮现出来,他看着曼莎,久久地与她对视,感觉很亲切。

"你是个善良的女孩,也很聪明。我想,你会成为这里最好的员工。"男子肯定地说。

"来吧,为这个美好的圣诞节的到来,我们握握手,也祝福你圣诞节快乐!"他握了一下曼莎的手,之后,慢慢消失在人群中。

曼莎看着他走远,回到柜台,把第七只戒指放回盒子里,心里无限感动。

小故事大道理

宽容是一把钥匙,它可以打开一个人的心结。将心比心地换位思考,不失为明智之举。就像文中的曼莎,她用她的真诚和理解打动了这个男子。有时候,最简单的应对方式就是用你的真情去触碰对方心里最柔软的部分。

敢想就是通往成功的方向
◇佚名

> 即使通过自己的努力知道一半真理，也比人云亦云地知道全部真理要好得多。
> ——罗曼·罗兰

一天，威廉先生疲惫地回到家中，一声不吭地跌坐在沙发上。看他这副样子，妻子就知道他的心情肯定不好。因此，她也不说话，只顾忙着自己手中编织毛线的活儿。心情坏透了的威廉，听到妻子的编织针发出的声音，大吼道："吵死了，别再织了！"妻子

停下了手中的活儿，拿着毛线和编织针起身进卧室了。她知道他并不是真的对她发火，只不过心情烦乱而已。

果然，过了一会儿，威廉先生走进卧室，悄悄地来到妻子身边，温柔地说："对不起，亲爱的。我不该那么粗鲁。"善解人意的妻子并没有责备丈夫，她继续忙着手上的活儿。看着妻子双手拿着两根银针灵巧迅速地编织，威廉脑子里忽然出现了一个念头：为什么不能用数百根小针代替一根大针，用许多钩子把编织的环状物提起来置于毛线之上，一次就打一排呢？

他忍不住脱口而出："要是有一种自动的编织机该有多好！"妻子惊讶地看着他，这样的话他可是很少说的，要知道，他是个传教士。

以前，威廉为了传教，曾经和各种职业的人打过交道。这时，他想起了织地毯的工匠。这些工匠使用一种框架技术编织地毯，这给他很大的启发。几番周折之后，威廉终于按照自己的设想造出了一台自动编织机。

陶醉在成功的喜悦之中的威廉，告别了妻子，带着新发明的机器来到宫廷中拜谒伊丽莎白女王。他希望能得到女王的保护和支

持，获得自动编织机的垄断权和专利权，从而得到一笔稳定的收入。可是女王并没有理会他，把他打发走了。

1610年，威廉在困窘中默默无闻地死在巴黎，他的弟弟也只好失望地带着机器回到英国。未曾想，时来运转，威廉的弟弟一回国，就有商人愿意投资兴办机械化的针织厂。这是世界上第一家机械针织厂，它获得了空前的成功。

小故事大道理

在生活中，有许多事情是我们必须去坚持的，就像诚信或信仰。但是有些时候也需要我们适时地转身，审时度势，重新审视自己，这样才会实现我们人生更大的价值。

眼光超然物外 ◇佚名

> 坚强的信心，能使平凡的人做出惊人的事业。
> ——马尔顿

法国的明天超市是一家大型的超市。董事长费尔踏实肯干，倾其所有，开了这家超市。超市所选的地理位置不错，处于繁华的市中心，周围还有几个大的居民区，装修考究，装饰新颖。

超市开业当天，光顾的人还真是不少，不过，很多人都是出于好奇或是凑热闹。不幸的是，几天后，生意越来越差。顾客要么不来，要么是来了匆匆一转身，又走了。这让费尔急得抓耳挠腮，想想自己进的货质量绝对可靠，价位也适当，服务更是周到。问题到底出在哪儿呢？费尔冥思苦想，不知该从哪儿再提升一下。

费尔只好求助于自己的好朋友凯恩。凯恩是一位社会心理学家。他接到费尔的求助后，立刻驱车来到超市，只转了一圈，就提出了解决的办法。他认为是通道设计得过于宽敞，建议费尔将店里所有的通道由宽变窄。

费尔大惑不解，但还是按照凯恩的提议，重新设计了通道。

没想到，这一看似不起眼的改变，却产生了惊人的效果。

前来购物的人渐渐多了起来，人们逗留在超市里的时间也相对长了许多。两个月后，明天超市的销售额竟然翻了一倍。

于是，费尔十分高兴地向凯恩询问这一切的原因。凯恩解释道，人们通常逛商场时，都有一种特定心理，那就是对物品所产生的"亲密度"。如果道路过宽，人们就失去与物品所产生的"亲密度"，从而丧失购物欲，就会像很多人逛街一样走过而不买任何东西。

听了凯恩的解释，费尔恍然大悟，连连点头称是。后来，在凯恩的帮助下，费尔又开了几家连锁店。抓住顾客的心理，满足顾客的需求，效益自然如芝麻开花——节节高。

小故事大道理

人生处处都是考场，抓住了对方的心理，在一定程度上就等于抓住了成功的良机，这样就等于"知己知彼"了。巧妙地运用智慧会让你在竞争中立于不败之地，机会和幸福都在自己的手中，关键就要看你如何去把握了。

牧童和羊的故事

◇佚名

> 金钱这种东西，只要能解决个人的生活就行，若是过多了，它会成为遏制人类才能的祸害。
> ——诺贝尔

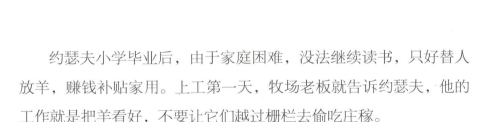

约瑟夫小学毕业后，由于家庭困难，没法继续读书，只好替人放羊，赚钱补贴家用。上工第一天，牧场老板就告诉约瑟夫，他的工作就是把羊看好，不要让它们越过栅栏去偷吃庄稼。

老板走了以后，约瑟夫就开始一边放羊一边看书。他完全没有注意到，牲口已经撞倒了栅栏，跑到附近的田里去偷吃庄稼。结果，约瑟夫被老板大骂了一顿。但是，约瑟夫可不想放弃这个学习的好机会，他想："难道没有一种栅栏可以阻止羊群跑出去吗？"突然间，他发现羊群似乎从来不走有蔷薇的地方，因为那里根本没有被破坏过。倒是那些拉着铁丝网的栅栏，被羊群冲破了。

约瑟夫感到很疑惑，仔细观察着蔷薇。"啊，对啦，原来蔷薇上长着刺。"他灵机一动，一个主意浮上心头："能不能用细铁丝做成带刺的网呢？它们看上去就和蔷薇的刺差不多，完全可以阻止羊群越过栅栏。"于是，他弄来铁丝，把它剪成5厘米长的小段，

两端削尖，然后缠在栅栏上。

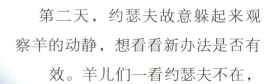

第二天，约瑟夫故意躲起来观察羊的动静，想看看新办法是否有效。羊儿们一看约瑟夫不在，就像往常一样，把身体贴近栅栏想把它推倒。但是，它们被栅栏上的铁刺刺痛了身体，只好乖乖地待在原地。"成功了！"看到这一幕，约瑟夫高兴得手舞足蹈。

牧场主知道了这件事以后，马上与约瑟夫合伙开设工厂，专门生产这种带刺的铁丝网，以满足牧场的需要。很快，约瑟夫就赚到了一大笔钱，重新回到了学校读书。

小故事大道理

在生活中运用智慧，就等于每天都在为自己的生命注入新鲜的血液。有时候，创造和智慧是融合在一起的，它们相辅相成。在生活中尽享创造的乐趣，这是创造的最高境界！

海带里的奥秘 ◇佚名

> 今天所做之事勿候明天，自己所做之事勿候他人。
> ——歌德

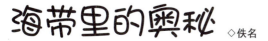

1908年的一天，日本帝国大学的化学教授池田菊苗先生像往常一样，回家吃午饭。由于他在早上完成了一个难度很高的实验，心情特别好，所以当妻子端上一碗海带黄瓜汤时，池田菊苗一反往常快节奏的饮食习惯，开始有滋有味地慢慢品尝起来。

池田细细一品，发现今天的汤味道特别鲜美。一开始，他还以为是自己心情好的缘故，可是再喝上几口，才发现这碗汤味道确实很鲜。

"海带和黄瓜都是很普通的食物，怎么会产生这样的鲜味呢？"池田自言自语起来，"嗯，也许是海带里有什么奥妙吧。"教授立刻找了一些海带，钻进实验室里细细研究起来。

半年后，池田菊苗教授发表了他的研究成果。原来，海带中含有一种叫作谷氨酸钠的化学物质，如果把极少量的谷氨酸钠加到汤里去，就能使食物的味道变得鲜美至极。

一位名叫铃木三郎助的商人看到池田教授的研究成果后,灵机一动,他想:"如果将海带中的谷氨酸钠提取出来,经过处理,不就可以成为一种调味品了吗?"

但是池田告诉铃木,从海带中提取谷氨酸钠作为商品出售并不现实,因为每10千克的海带中只能提取出0.2克的这种物质。可是,在大豆和小麦的蛋白质里也含有谷氨酸钠,利用这些廉价的原料也许就可以大量生产谷氨酸钠。

池田和铃木的合作很快就结出了硕果。不久,一种名叫"味之素"的调味品出现在东京浅草的一家店铺里,它的广告是——"家有味之素,白水变鸡汁。"一时间,购买"味之素"的人差点挤破了店铺的大门。

"味之素"传到中国后,有了一个新的名字——味精。

小故事大道理

生活中处处都有惊喜,我们要用发现的眼睛去探索生活中的奥秘,从点点滴滴的生活细节入手,用敏锐的心去感知这个世界有意无意的赠予。

巧剥花生

◇佚名

> 把时间用在思考上，是最能节省时间的事情。
> ——卡曾斯

有一个老爹年纪大了，不想再操心当家，就准备让位给儿子。他想，自己有两个儿子，到底让谁当家好呢？

一天晚上，老爹把两个儿子叫到跟前说："这里有两袋花生，你们俩拿去剥，看看是不是每一个花生仁都是有红皮包着的。谁先剥完，又能说出正确的答案，谁就是胜利者，也就是以后的当家人。"两个儿子答应了，带了花生各自回房间干活儿。

大儿子回房后，什么都不想，赶快动手剥花生，一点时间都不敢耽误。他边剥边想："快点动手肯定能赶到前头，弟弟做事一向很慢，这次我一定能

超过他。"

二儿子边走边想，爹爹要的到底是什么答案呢？肯定不会是让一个一个剥花生，这样的话，我和哥哥还比什么啊？哥哥干活儿一向比我快。这里肯定有技巧在！于是，二儿子边剥花生，边思考快速得到答案的方法。

时间很快过去了，大儿子干了整整一个通宵，鸡叫时才把最后一颗花生剥完；二儿子二更前就找到了方法，早早上床睡觉去了。

第二天早上，大儿子一夜没睡当然起得迟，匆匆赶到爹爹那里的时候，弟弟已经在那儿了，奇怪的是弟弟跟前还放着一袋没剥多少的花生。

老爹说："老二先来的，老二说。"

老二说："袋子里所有的花生都是有红皮包着的。"

大儿子气得叫嚷起来："你都没有剥完怎么可能知道结果呢？"老二说："我是没有全部剥完，但是我把它们分了类，肥的、瘦的、大的、小的、干净的、颜色发黑的，一个仁的，两个仁的，三个仁的，各种各样的我都挑了几个剥开看了，结果全都有红皮包着，所以我说这袋里所有的花生都是有红皮包着的。"

老爹高兴地点点头，大儿子却低下了头。

小故事大道理

所谓"磨刀不误砍柴工"，一个人掌握学习的技巧很重要。对于晦涩难懂的问题，我们首先要认真分析、综合考虑，再从中找出规律，这样才能了解事物真实的一面，从而做出正确的选择。

真假稻草人

◇佚名

[观察与经验和谐地应用到生活上就是智慧。
——冈察洛夫]

有一个人,家里有一个很大的鱼塘。鱼塘就是他家的聚宝盆。他每年都靠鱼塘里的鱼赚钱买吃的,买穿的,买用的,养活家里的妻儿老小,因此他视这个鱼塘为命根子。

可是,让他很恼火的是,鱼塘附近有很多鱼鹰,常常成群结队地跑来抓鱼吃,赶了又来,来了又赶,总也抓不住,折腾得养鱼人筋疲力尽。

这一天,养鱼人照样在看鱼塘,鱼鹰又来吃鱼,养鱼人跑过去冲它们挥挥手,鱼鹰一惊,便跑了,养鱼人灵机一动,计上心头。他找来一堆稻草,扎了个稻草人。然后把它插在鱼塘里吓唬鱼鹰。只见稻草人穿着蓑衣,戴着斗笠,伸开两臂,还拿了一根竹竿,活脱脱就是一个养鱼人。起初,鱼鹰果真上当,以为是真人,有点害怕,只敢在草人头上盘旋,更别说去抓鱼吃了。养鱼人于是放了心,过了一段好日子。

可没多久,狡猾的鱼鹰见稻草人总是纹丝不动,不由疑窦丛生,开始壮着胆子试着飞下来看看。如此一来,鱼鹰马上就发现这不是真人了,就又开始肆无忌惮地冲下来抓鱼吃了。

更可气的是,它们吃饱了,也不立刻飞走,而是悠然自得地站在稻草人的肩上或斗笠上,一边舒服地晒着太阳,一边冲着养鱼人"呷呷呷"地叫,好像在嘲笑稻草人说:"假,假,假,原来是个假人!"眼看着鱼塘的鱼一天比一天少,养鱼人气得七窍生烟。看着鱼鹰洋洋得意的架势,养鱼人愁得连饭都吃不下。

过了不久,他又想出了一个好办法。一天,他趁着鱼鹰不在,悄悄到鱼塘里把稻草人撤走了,然后自己披上蓑衣,戴上斗笠,拿上竹竿,伸开双臂,像稻草人一样纹丝不动地站在鱼塘。没过多大工夫,鱼鹰又来了。它们以为稻草人还是假

的，便又放心大胆地冲到鱼塘里吃鱼。吃饱了，又飞到草人的肩上或斗笠上，一边休息，一边"呷呷呷"地叫。

养鱼人趁它们一不留神，伸手就抓住了它们的爪子。

鱼鹰极力地鼓动着翅膀，却怎么挣也挣不脱。

养鱼人这次可笑开了怀："开始是假的，现在可一点都不假啊！"

小故事大道理

事物都是在持续发展的，没有什么是一成不变的。如果一直都在墨守成规，那就只会在一个圈子里打转，永远都不会进步。

图书馆搬家

◇佚名

> 人的智慧不用，就会枯萎。
> ——达·芬奇

大英图书馆是英国最大的图书馆，有着悠久的历史。当然，它本身也像一部古老的史书一样有些破旧了。为了保护馆内的书籍不受到损坏，政府决定再建一座新图书馆。

新馆很快就建好了，剩下的工作就是把老馆里的书搬到新馆去。按照常理，应该请一个搬家公司，把书装上车，拉到新馆即可。但是，由于馆内藏书太多，请搬家公司的预算是350万英镑，图书馆实在拿不出这笔钱。眼看就要到雨季了，不马上搬家，可就损失惨重了。馆长非常着急，但却一筹莫展。

就在这时，一个馆员找到馆长，说他有一个解决方案，只要150万英镑

就足够了。馆长当然十分高兴，因为图书馆可以支付得起这笔开销。"快说说你的方案吧！"馆长很着急。馆员慢条斯理地说："您得先答应我一个条件。"馆长当然不会拒绝，于是馆员开口了："好主意也是一种商品，如果这150万预算在搬完家后还有剩余的话，图书馆要把剩余的钱给我。"馆长马上表示同意，并与他签订了合同。

合同签订的第二天，馆员就实施了"搬家计划"，他在当地最有名的报纸、最醒目的位置刊登了一则消息：从即日起，大英图书馆免费向市民借阅图书，条件是从老馆借出，还到新馆去。

小故事大道理

创新是我们不断进步的推动力。每个人的思维方式不同，面对同样一个问题可能有不同的解决方法，因此，要勇于创新、独辟蹊径，寻找到最优的解决方法。

孔融巧辩

◇佚名

> 理想的书籍是智慧的钥匙。
> ——托尔斯泰

孔融小时候就聪明伶俐，深得众人喜爱。

一天，小孔融不顾爸爸的反对，一个人来到李膺家的门前，他对守门的人说："我是你们家老爷的亲戚，我要见他。"不一会儿，守门人把他带到了李膺的跟前。当时还有很多客人在一起饮酒作诗。小孔融不等主人问话，一进门就坐下，见到小孩大胆的举动，大家都很诧异。李膺看着眼前这个不慌不忙的小孩，疑惑地问："你是我什么亲戚呢？"小孔融用一口清脆的童音回答："在几百年以前，我的祖先孔子拜你的祖先老子（老子，原名叫李聃）为师，所以咱们李孔两家就成了世代之交啊。"李膺和其他宾客听了这话都啧啧称赞。但其中有个人还想再考考小孔融，他不以为然地说："小时候聪明，长大了未必就聪明。"

还没等大家反应过来，小孔融高声地回答："想必先生您小时候一定很聪明。"那个人听了，感到十分尴尬。从此，洛阳上下都知道有个聪明的小孩叫孔融。

小故事大道理

掌握知识是很重要的，但是运用知识的方法也同样重要。小孔融运用了一个"以子之矛，攻子之盾"的办法，把大人们弄得哑口无言。这就是智慧的力量。

改变人生就在一念间

◇王晶敏

> 立志、工作、成功，是人类活动的三大要素。
> ——巴斯德

2001年的春天，一个从北京郊区来的游客，受朋友之托，在韩国的一家超市买了四大袋泡菜。

在回旅馆的路上，他渐渐感到手中的塑料袋越来越重，勒得手特别疼。他想把袋子扛在肩膀上，又怕弄脏了新买的衣服。就在他左右为难之际，忽然看见了街道两旁茂盛的绿化树，顿时计上心来。他放下袋子，从树上折了一根粗粗的树枝，准备把它当作提手来拎沉重的泡菜袋子。可是他走了没多久，就被迎面而来的韩国警察逮了个正着，被罚了50美元。50美元，相当于400多元人民币啊！他心疼得直跺脚。交完罚款，他懊恼极了，干脆放下袋子坐在路边，看着眼前来来往往的人流发呆。

很快，他就发现许多人都和他一样，气喘吁吁地拎着大大小小的袋子，任凭手掌被勒得发紫而无计可施，为什么不想办法发明一个既方便又不勒手的提手，专门卖给韩国人呢？一定会有销路的！

想到这里,他的精神为之一振。

回国后,他就一头扎进了方便提手的研制工作中。

根据人手的特点,他反复设计了好几种款式的提手。为了试验它们的抗拉力,他又分别采用了铁质、木质、塑料等几种材料,然而却总是达不到预期的效果。几经周折,产品终于做出来了。他请左邻右舍试用,这不起眼儿的小东西竟然一下子得到了大家的青睐,有了它,买米买菜多提几个袋子也不觉得勒手了。

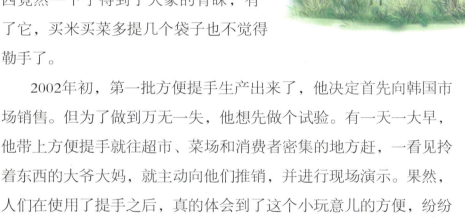

2002年初,第一批方便提手生产出来了,他决定首先向韩国市场销售。但为了做到万无一失,他想先做个试验。有一天一大早,他带上方便提手就往超市、菜场和消费者密集的地方赶,一看见拎着东西的大爷大妈,就主动向他们推销,并进行现场演示。果然,人们在使用了提手之后,真的体会到了这个小玩意儿的方便,纷纷掏钱购买。

为了能让方便提手顺利打进韩国市场,他决定先了解韩国消费者对日常用品的消费心理。经过反复调查,他发现韩国人对商品的色彩和样式十分挑剔,处处讲究包装,只要包装精美、做工精良,价格是其次的。他决定"投其所好",对提手的颜色进行了多方面的改造,增强了它们的视觉效果。然后,他又不惜重金聘请了专业包装设计师,对提手按国际化标准进行细致的包装。然而,这些准备工作做好之后,他又为方便提手没有进入韩国市场的渠道犯愁

了。经过一番苦心寻找,他终于通过中介机构找到了天津一家专做韩国贸易的公司。在他的极力说服下,这家公司终于答应把方便提手拿到韩国去做产品推广,但所有的费用都由他来承担。

功夫不负有心人,经过前期大量的市场调研和商业推广,一周后,他便接到了韩国一家大型超市的订单。他们以每只0.25美元的价格,一次性订购了120万只方便提手,折合人民币价值200多万元!那一刻,他欣喜若狂。

这个靠简单的方便提手征服韩国消费者的人叫胡振远,凭一个不起眼的灵感,他一下子从一个普通的农民变成了一位百万富翁,而他完成这个变化所用的时间还不到一年。

有人问他为什么会想到发明方便提手,他说,这来自50美元。不错,正是那50美元的罚款让他找到了灵感。

小故事大道理

很多时候,我们总是在发牢骚:"为什么我们不能在某一个领域里有所成呢?"这是因为我们没有细心地去感知这个世界。发明创造也好,探索研究也罢,都需要我们用心去探索这个世界。只有用心了,才会听到这个世界反馈给我们的声音。

突发奇想竟成真 ◇佚名

> 立志是事业的大门，工作是登门入室的旅途。
> ——巴斯德

　　1977年夏天，一个叫托马斯·雷恩的小说家坐在家中突发奇想，凭空虚构了一本叫《P——1的青春》的科幻小说，第一次把生物学中的术语"病毒"搬进计算机世界。他幻想有一种奇异的病毒，能从一台计算机传染到另一台，最后控制了7 000台计算机的运行。小说发表后一下子轰动了科普界。

　　1988年11月3日，美国国防部计算机网络和各大学的6 000台计算机，因感染一位计算机系学生编制的病毒程序而关机，直接损失达9 600万元。造成这一严重后果的罪魁祸首就是小莫里斯。小莫里斯的成长环境得天独厚，父亲莫里斯上校是军方著名的计算机专家，家里有一套高档计算机，小莫里斯的课余时间基本上都是在荧光屏旁度过的。

　　15岁时，他就因设计出"智斗外星计算机"而成为小有名气的计算机玩家。22岁时，小莫里斯成为康奈尔大学计算机科学系的

一名研究生，这里宽松的学习环境，计算机室24小时开放的便利条件，使他如鱼得水。

进入第二学年的时候，小莫里斯发现父亲为五角大楼一手设计的网络安全防护系统有些小漏洞，于是便产生了与他父亲工作的安全部门开个玩笑的念头。他决定做这样一个实验：把自己编写的叫"蠕虫"的小程序偷偷放在网络里，使它秘密地繁殖，从一部计算机爬向另一部，当小虫子占领了一些计算机后，他准备在某一时间命令它们同时叫一声，吓一吓安全部门，也让他父亲坐着飞机飞来飞去地瞎忙一阵。

1988年11月2日晚，小莫里斯得意地按计划向放出去的小虫子发信号，准备让它们叫一声后结束实验。突然，他发现由于在程序设计中犯了一个错误，那些虫子正以超过设想几百倍的速度繁殖，已经无法控制。与此同时，国防部计算机网络遭到一种身份不明的小程序的攻击，各终端计算机患了同一种疾病，屏幕上跳动着一些毫无意义的乱糟糟的字。安全值日官束手无策，被迫下令网络上的所有终端立即关闭每一台计算机。

1990年5月5日，法院以危害国家安全罪将小莫里斯判处有期徒刑。计算机病毒使人防不胜防，现在它已成为令计算机界人士头疼的讨厌问题。

小故事大道理

要小聪明可不是什么明智之举，我们应该一步一个脚印地踏踏实实地生活，投机取巧的工作或者学习都是要付出代价的。

第五辑
把火车连接起来

火车自动挂钩的发明，把铁路工人从繁重的劳作中解放出来，为铁路运输提供了既安全又方便的条件。为了纪念这一发明，人们把火车自动挂钩称为"詹内挂钩"。

大象是最好的检测师

◇佚名

> 一个人接受了公众的信任之后，就应该把自己看作是公共财产。
> ——杰斐逊

美国某建筑公司推出的"预铸房屋"质量过硬，但是投放市场后，久久无人问津。公司总经理派人四处调查，发现人们普遍对"预铸房屋"的安全性持怀疑态度，所以连尝试的兴趣都没有。

怎样增强用户对新产品质量的信任感呢？公司召集专家商量对策。有人建议向公众公布抗压试验数据，于是公司通过媒体公布了抗压数据。一大片黑压压的数据，行内人士能看得懂，摸得清，但是，普通的公众好像并不太感兴趣。结果产品还是遭到冷遇，公司业务陷入了困境。

就在这时，美国NOWSON广告公司上门接洽业务。了解到公司这一困境后，广告公司信誓旦旦，拍着胸脯表示能够通过巧妙的广告打开产品销路。总经理

还是有些不相信。广告公司的业务员自信地说:"我们不妨来签个合同吧!"总经理抱着试试看的心态同意了。

广告公司接到业务后,并没有东奔西跑地赶去宣传,而是请最权威的广告专家设计了一幅广告画。当报刊上登了这幅广告画后,市场形势出人意料地好转起来,"预铸房屋"以惊人的速度开始畅销。

这幅广告画也并不复杂,就是一头大象安然地站在"预铸房屋"的屋顶上。

小故事大道理

有的时候,我们的思维总是被原有的思维模式控制着,这样就很难走出原有的思维框架。如果换一个角度思考问题,那就会大有不同了。扭转局面的关键在于把握事物发展的趋势,用最适合的方式解决问题。

心中有数御万物

◇佚名

> 没有不可认识的东西，我们只能说还有尚未被认识的东西。
> ——高尔基

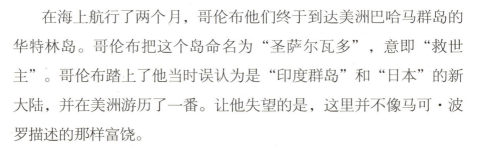

在海上航行了两个月，哥伦布他们终于到达美洲巴哈马群岛的华特林岛。哥伦布把这个岛命名为"圣萨尔瓦多"，意即"救世主"。哥伦布踏上了他当时误认为是"印度群岛"和"日本"的新大陆，并在美洲游历了一番。让他失望的是，这里并不像马可·波罗描述的那样富饶。

哥伦布把39个愿意留在新大陆的人留下，把10名俘虏来的印第安人押上船，返回了西班牙巴罗斯港。回来以后，哥伦布成了英雄，受到西班牙国王和王后的隆重接待，还有一些附庸风雅的绅士为他举行了一次又一次的欢迎宴会。正在觥筹交错、欢乐非常的时候，忽然有人高声说道："我看这件事不值得庆祝。大陆是地球上原来就有的，并非哥伦布所创造。他只不过是坐着船往西走，再往西走，碰上了这块大陆而已。其实只要坐船一直向西航行，谁都会有这项发现。"

宴会席上顿时鸦雀无声,绅士们面面相觑。这时,哥伦布笑着站起来说:"这位先生讲得似乎很对,其实不然,我们不妨一试。"说着,他顺手抓起桌上放着的熟鸡蛋,接着说:"请各位试试看,谁能使熟鸡蛋的小头朝下,在桌上立起来?"

气氛又活跃起来,大家都拿起面前的熟鸡蛋,试着、滚着、笑着,但谁也没能把它立起来。刚才说话的那位绅士得意扬扬地说:"既然哥伦布提出了这个问题,那么他自己一定能办到,现在就请他把熟蛋小头朝下立在桌面上吧!""刷!"全场的眼光都朝哥伦布看过来,只见他微笑着,手握鸡蛋,小头朝下,"啪"的一声敲在桌上,手一松,那蛋就牢牢地立在桌上了。那人高叫起来:"这不能算,你把蛋壳摔破,当然可以立住。"

哥伦布认真地说道:"对!你和我的差别就在这里。世界上的一切发现和发明,在一些人看来都是再简单不过的。但是,请您记住:那总是在发明者指出应该怎么做之后。"

小故事大道理

即使是最简单的东西,也要有人第一个发现。再困难的问题,也都有解决的办法,关键看你能否找到。就像鲁迅先生说的那样:"世上本没有路,走的人多了,也便成了路。"什么事情都需要第一个开拓者。那么,你做好准备了吗?

莫泊桑卖书

◇佚名

> 没有伟大的愿望，就没有伟大的天才。
> ——巴尔扎克

　　莫泊桑写了一部长篇小说，书名为《漂亮朋友》。可是大报社和出版社都不肯发表出版。

　　如何尽快把这本书卖出去呢？莫泊桑绞尽脑汁，费尽心机，终于想出一条妙计。他把《漂亮朋友》的手稿让给一家小报——《法兰西生活报》。这家小报将《漂亮朋友》以连载的形式发表。不出莫泊桑所料，小说一发表，舆论哗然。先是几家大报社同时发难，指责作者通过主人公丑化了新闻记者，通过《法兰西生活报》败坏了新闻界的名声。这种鼓噪正中莫泊桑下怀，他反倒庆幸，他的设想成功了，因为批评家的攻击正是不必付费的最佳广告。所以，他当即给那家小报的主编写信。该报以《致〈漂亮朋友〉的批评者》为题，全文照发。

　　莫泊桑在信中说："我只不过想叙述一个冒险家的生活而已，这样的冒险家，我们在巴黎每天都能碰到，在现存的一切行业里都能遇见。他（指小说主人公杜洛阿）没有任何才干，仅仅是靠着女人向上爬。"

莫泊桑申辩，《法兰西生活报》并不是巴黎报界的缩影，"如果我选择了一家大报、一家真正的报纸作为背景，那些责怪我的人绝对是有理由的；但是相反，我特意选择了一家可疑的小报，这是一帮政治投机家和金融大盗的代理人，不幸的是，确实存在着一些这样的代理人。"

这封信发表后，情势大变。没有哪家报纸再叫嚷《漂亮朋友》是对整个报界的攻击了；如果还要坚持，等于是自认与《法兰西生活报》这样的无耻小报是一样的了。相反，一些报纸对《漂亮朋友》十分赞扬，说它是一部难得的好作品。

《漂亮朋友》于1885年1月以单行本问世，到7月7日时已连续加印了27次，到9月已再版了37次。

莫泊桑的这部小说之所以能产生如此巨大的魅力，主要是因为他把卑鄙无耻的恶棍杜洛阿刻画得入木三分，在当时具有深刻的社会意义。同时，莫泊桑采用激怒新闻记者的办法，为自己的小说大做广告，也算是"卖书"的一个绝招。

小故事大道理

有时，找到一个正确的方法比解决问题本身还要重要，一个好的方法可以指导我们接下来的工作和学习。同样，进退维谷也可以反败为胜，用不同的方法解读你的进退两难，"焉知非福"？

出售贫穷

◇佚名

> 没有一种不幸可与失掉时间相比。
> ——屠格涅夫

在日本的兵库县，有一个叫丹波的村子。当整个日本都富裕起来的时候，这里因为土地贫瘠、交通落后、信息闭塞、依然是一副穷困不堪的模样。

人们的生活非常艰难，但是大家又没有脱贫致富的好方法。于是，当地政府向全社会广泛征集致富良方。经过一番激烈的讨论，一些有识之士得出的意见是：出售物产和资源换回生活所需。可是问题在于，这个村子除了贫穷和落后之外，根本没有任何可以出售的东西。

就在人们一筹莫展的时候，一位专家突然提出：既然这个村子除了贫穷和落后之外什么也没有，那为什么不出售这两样东西呢？他的建议引来一片哗然。贫穷，要如何出售？这位专家建议：今后，村民们不要住在现在的房子里，要住到树上去；不要再穿棉布做的衣服，要改穿树皮和兽皮，像几千年前还处于蒙昧时代的老祖宗那样生活。这样就会引起城里人的好奇，他们会到这里来观光、游玩，从而给村民带来旅游收入。大家抱着试一试的心态听从了专家的建议。很快，他们的"另类生活"果真引起了城里人的极大好奇。一时间，来这里参观游览的人数猛增，给村民们带来了丰厚的收入。不到一年时间，丹波村的人们全都富裕起来。

"贫穷"一直作为缺点存在于人们的意识之中。可是，这里的人们为了摆脱贫穷，利用的恰恰就是它本身。

小故事大道理

不管在怎样的情况下，都要活出真实的自我，再多的修饰也只是浮华和掠影。在这个偌大的城市里不要因为追随别人的脚步而迷失自我。每个人都是独立存在的，保持本真的人格才是正确的选择。

聪明的伯爵

◇佚名

> 没有智慧的头脑，就像没有蜡烛的灯笼。
> ——托尔斯泰

　　三明治是一种既营养又方便的食物。它用两片面包做成，中间夹了火腿、奶酪、蔬菜等。它的制作方法非常简单，是忙碌的现代人打发一餐的最佳选择。不过，当初发明三明治的人也是个大忙人。只是他不是忙着工作，而是忙着赌博。

　　关于三明治的来历，得追溯到1762年的英国。三明治原来是英国的一个地名，这里有一个名叫约翰·蒙泰格的伯爵，人们又常常称呼他为三明治伯爵四世。他是个出了名的赌徒，终日以赌场为家。

　　有一天，约翰·蒙泰格已经在伦敦的一家俱乐部里赌了一天一夜，连饭都没有吃。虽然肚子很饿，可嗜赌如命的他，手气正好，当然舍不得离开牌桌去吃饭。正好，这家俱乐部里有个牛排馆。于是，他让人送来一些烤肉和奶酪，然后再用两片面包把它们夹起来。这样他用一只手拿着吃，另一只手还可以握牌，又不会把牌弄

脏。就这样,约翰·蒙泰格既赢了钱,又享受了一顿地道的奶酪烤肉。在回家的路上,他突发奇想:对啊,为什么我不发明这样一种食物呢?它既方便又好吃,肯定会大受欢迎。

约翰·蒙泰格很快就在伦敦的俱乐部里推出了自己的发明。像他预计的那样,大家纷纷要求品尝这种"由三明治伯爵发明的东西"。最后,人们嫌这个名字太麻烦,就直接称呼它为"三明治"了。1827年,三明治"登陆"美国,彻底改变了美国人的饮食习惯。

后来,约翰·蒙泰格的后代——三明治伯爵十一世在美国佛罗里达州的迪斯尼世界开了第一家"伯爵三明治"餐厅。这里的三明治现点现做,即使是最忙碌的人,也可以在这里享受到上好的美味。

小故事大道理

用眼睛去探索,即使是微不足道的事情也可能有伟大的发现。不管是多么大的壮举,也都是从一点一滴做起的。关心身边的小事,囤积可以发展的力量,也许成功就在下一个转角。

不畏天上的闪电

◇佚名

> 独辟蹊径才能创造出伟大的业绩,在街道上挤来挤去不会有所作为。
> ——布莱克

本杰明·富兰克林,是美国历史上的第一位科学巨匠,他因冒着生命危险揭开雷电的秘密而闻名于世。

当时,富兰克林一直在致力于电的研究。有一次,他把几只莱顿瓶(一种旧式的可充放电的容器)连在一起,用以加大电容量。不料,实验的时候,守在一旁的妻子不小心碰了一下莱顿瓶,只听"轰"的一声,一团电火花闪过,妻子被击中倒地,面色惨白。她因此休息了一个星期身体才得到康复。

"莱顿瓶发出的轰鸣声、放出的电火花,不是和雷电一样吗?"富兰克林大胆地提出这个设想。为了证明自己设想的正确性,富兰克林决定冒着生命危险去做一个实验——捕捉雷电。

1752年7月的一天,在北美洲的费城,天色阴暗,乌云滚滚。天空中不时闪着青白色的电光,传来一阵阵沉闷的雷声,眼看一场可怕的大雷雨就要来临了。

"这是最合适的天气！"富兰克林和他的儿子威廉带着风筝和莱顿瓶，奔向郊外田野里的一间草棚。这可不是一只普通的风筝：它是用丝绸做成的，在它的顶端绑了一根尖细的金属丝，作为吸引闪电的"接收器"；金属丝连着放风筝用的细绳，这样细绳被雨水打湿后，电就成了导线；细绳的另一端系上绸带，作为绝缘体（要干燥），避免实验者触电；在绸带和绳子之间，挂有一把钥匙，作为电极。

富兰克林和他的儿子乘着风势，将风筝放上了天。风筝像一只矫健的鸟儿，渐渐地飞到云海中。父子俩躲在草棚的屋檐下，手中紧握着没有被雨水淋湿的绸带，目不转睛地观察着风筝的动静。突然，天空中掠过一道耀眼的闪电。富兰克林发现，风筝引绳上的纤维丝一下子竖立起来。这说明，雷电已经通过风筝和引绳传导下来了。富兰克林高兴极了，他禁不住伸出左手，触碰一下引绳上的钥匙。"哧"的一声，一个小小的蓝火花跳了出来。

"这果然是电！"富兰克林兴奋地叫了起来。

"把莱顿瓶拿过来。"富兰克林对威廉喊道。他连忙把引绳上的钥匙和莱顿瓶连接起来。莱顿瓶上电火花闪烁，这说明莱顿瓶充电了。

事后，富兰克林用莱顿瓶收集的雷电做了一系列的实验，进一

步证实了雷电与普通电完全相同。富兰克林的这一风筝实验,彻底击碎了当时人们认为闪电是"上帝之火""煤气爆炸"等流行的说法,使人们真正认识到雷电的本质。因此,人们说:"富兰克林把上帝与闪电分了家。"

小故事大道理

勇于探索是成功的阶梯,在生活中发现事物的真谛,就会收获成功带给你的快乐。

铅笔的小背包

◇佚名

> 创造性是每一个人作为人类的一员都具有的天赋潜能，它和心理健康的发展密切相关，在心理健康发展的条件下，人人都可以表现出创造性。
> ——马斯洛

在美国佛罗里达州，有位画家叫海曼-李浦曼，尽管终日作画，但日子过得并不宽裕，他是位不走运的穷画家。

一天，他审视画作底稿时，觉得有些地方画得太差劲，必须修改。于是，他搁下铅笔找橡皮，简陋的画具扔得乱七八糟，他找不到橡皮，东翻西翻，费了九牛二虎之力才从一个夹缝中找到了橡皮。他烦恼极了。他用橡皮擦干净要修改的地方，准备补画。这时又发现刚刚用过的铅笔不知哪里去了。只好窝着一肚子火再次东翻西翻。铅笔总算找到了，可是修改作品的灵感却消失了。他十分恼怒，一脚踢翻了画架。穷画家望着滚在地上的铅笔和橡皮，突然发现了一个新创意：何不将铅笔和橡皮绑在一起呢？于是，他的怒火慢慢平息。他捡起铅笔和橡皮，又找来细线将它们捆在一起，这样就方便多了。后来作画时，他觉得还不方便，铅笔和橡皮容易松散。他想了想，若是用薄薄的铁皮将橡皮包在铅笔的顶端该有多

好,既牢固、方便又美观。当天晚上,李浦曼就制作了带橡皮的铅笔。

第二天,客人来访,发现了李浦曼的小发明,建议他去申请专利。李浦曼听从朋友的劝告,果然获得了专利权。后来,李浦曼将这项小发明卖给了一家铅笔公司,畅销世界各地,公司老板发了大财,至于李浦曼本人从专利中得到多少报酬,无人知晓。可是,从他的阔绰架势来看,只靠卖画无论如何是达不到的。

小故事大道理

人生中的一个点睛之笔,足以改变一个人的一生。当我们面临困境的时候,就要想办法改变现状,既然生活让我们选择改变,就说明它在给我们改变的机会,有机会就要牢牢地抓住,困境中蕴藏的办法,往往可以改变全局。

神仙饮料

◇佚名

[对于创新来说，方法就是新的世界，最重要的不是知识，而是思路。
——郎加明]

1519年，以西班牙著名探险家科尔特斯为首的探险队进入墨西哥腹地。队伍历经千辛万苦，到达了一个高原。队员们个个累得腰酸背疼、筋疲力尽，横七竖八地躺在地上，不想动弹。

正在这时，从山下走来一队印第安人。友善的印第安人见科尔特斯他们一个个无精打采，立刻打开行囊，从中取出几粒可可豆，将其碾成粉末状，然后加水煮沸，之后又在沸腾的可可水中放入树汁和胡椒粉，顿时一股浓郁的芳香在空中弥漫开来。

印第安人把那黑乎乎的水端给科尔特斯他们。科尔特斯尝了一口，"哎呀，又苦又辣，真难喝！"但是，考虑到要尊重印第安人的礼节，科尔特斯和队员们还是勉强喝了两口。没想到，才过了一会儿工夫，探险队员们好像被施了魔法一样，体力得到了恢复！惊讶万分的科尔特斯连忙向印第安人打听可可水的配方，印第安人将配方如实相告，并得意地说："这可是神仙饮料啊！"1528年，

科尔特斯回到西班牙，向国王敬献了这种由可可做成的神仙饮料，只是，考虑到西班牙人的饮食特点，聪明的科尔特斯用蜂蜜代替了树汁和胡椒粉。"这饮料真不错！"国王喝了连声叫好，并因此封科尔特斯为爵士。

从那以后，可可饮料风靡了整个西班牙。一位名叫拉思科的商人，因为经营可可饮料而发了大财。一天，拉思科在煮饮料时突发奇想：调制这种饮料，每次都要煮，实在太麻烦了！要是能将它做成固体食品，吃的时候取一小块，用水一冲就能吃，或者直接放入嘴里就能吃，那该多好啊！

于是，拉思科开始了反复的试验。最终，他采用浓缩、烘干等办法，成功地生产出了固体状的可可饮料。拉思科将他的固体状可可饮料叫作"巧克力特"。

拉思科发明的巧克力特，是巧克力的第一代。

小故事大道理

我们应该珍惜我们拥有的一切，要抱有一颗感恩的心，有了感恩我们这个世界才会这样美妙，我们在太阳下安逸地享受生活，在生活中创造，在创造中不断地追寻前进的脚步。

把爱送给她 ◇佚名

[以空前未有的热情，焕发青春的创新功能，激发人人独特的创新精神，使民族的、国家的创新智慧来一个总发动！使个体的、群体的创新潜能来一个大爆发！

——金马]

创可贴，顾名思义，有了创伤便可以贴上，它是我们日常生活中常见的一种外科用药。不过，与其他发明不同的是，创可贴的来历充满了浪漫色彩——它的诞生和一对夫妇有关。

20世纪初，美国强生公司有一位名叫埃尔·迪克森的普通员工，他和妻子刚刚结婚不久，两人的感情非常好。不过，这位迪克森太太不擅长烹饪，她做饭的时候常常会切到手或者不小心烫伤自己。每到这时，迪克森先生就会跑过来拿出绷带，熟练地替太太包扎好。

有一天，迪克森太太对丈夫说："你看，我手上的伤口已经好了。幸好那天你在家，要不然我只能去诊所了。"

说者无心,听者有意。迪克森先生很爱自己的太太,妻子的话让他突然想到:"对啊,要是有一种包扎绷带,能够让太太受伤后自己包扎就好了……咦,如果把纱布和绷带粘在一起,不就可以腾出一只手来包扎伤口了吗?"一道灵光从他的脑袋中一闪而过。

于是,迪克森先生开始了他的试验。首先,他拿来一条纱布放在桌子上,在上面涂了一层胶,这就是一条简易绷带。然后,他把另一条纱布折叠成小方块,抹上一层药水,粘贴到绷带中间,一个简易的包扎绷带就做好了。但是,如果把胶长时间地暴露在空气中,它就会发干。于是迪克森找来了许多不同的布料,把它们一一粘在胶带上面,希望能找到一种在需要时立即就能揭下来的材料。后来他发现,一种质地粗硬的纱布能够很好地完成这个任务。

迪克森先生发明的这种绷带的确很好用,它受到了很多人的欢迎,也为强生公司带来了可观的利润。创可贴就这样走进了千家万户。

小故事大道理

生活中的点点滴滴无不充斥着爱的味道,文中的这种灵感就来源于爱。创造源于生活,而生活的意义源于爱。

玻璃棒上的新发现
◇佚名

> 创新代表着社会所需要的东西：首创性、进取心和创造精神。
> ——佚名

尼龙是一种合成纤维，它是从煤、石油和天然气中提取出来的。在我们的身边，用尼龙加工制作的物品随处可见。然而，尼龙的发明完全称得上是一个偶然。

过去，人们制作衣服的材料都来源于植物，即棉花、树皮之类的东西。1884年，法国科学家柴唐纳脱发明出了人造丝，由它织成的衣服渐渐在上层社会流行起来。1928年，当时美国最大的工业公司——杜邦公司成立了基础化学研究所，年仅32岁的卡罗萨斯博士受聘担任该所有机化学部的负责人。卡罗萨斯原来在著名的哈佛大学担任有机化学教师，他富于想象，勤于动手，其刻苦钻研的精神有口皆碑。

1932年夏季的一天，卡罗萨斯像往常一样穿着白大褂，早早地来到了自己的实验室。这时，细心的他注意到，一根玻璃棒的尖端上沾有一些乳白色的细丝。他拿起来仔细看了看，发现它们是由

上一次做实验时没有及时清洗掉的聚酰胺形成的。卡罗萨斯非常好奇地用力拉了拉,他惊讶地发现,这根细丝不但能伸长,而且强度也很大。

就在这一瞬间,卡罗萨斯的脑子里闪过了一个念头:是不是可以把以前做实验时剩下的聚酰胺再加以利用呢?聚酰胺是一种化合物,本来很有可能被当作废料处理,卡罗萨斯重新把它们拿出来加热,看看能否产生类似人造丝的物质。

三年后,被称为"尼龙"的人造丝终于由卡罗萨斯发明出来。杜邦公司立即组织力量生产大批尼龙,迅速占领了市场。

小故事大道理

创新往往就是一瞬间的灵光一闪。创新的取材不拘泥于点点滴滴的生活瞬间,只要善于发现,关心身边的小事,也许下一个惊动世人的创造就是你的成果。

把火车连接起来

◇佚名

> 创新有时需要离开常走的大道，潜入森林，你就肯定会发现前所未见的东西。
>
> ——朗加明

我们今天看到的火车，是由许多节车厢组成的。每节车厢之间，又用自动挂钩连接起来。但在19世纪中叶之前，这种挂钩还没有发明。那时，火车的各节车厢是用铁链子拴起来的。这种办法费时费力，一遇到列车爬坡，车厢就容易脱节，甚至还会导致翻车事故。

美国人哈姆尔特·詹内就是当时的一个铁路工人，看到这种情况，他决心发明一种新的连接方法，以减轻工人的劳动强度。

1867年的一天，詹内从一个货运站回家。在路上，一群正在玩耍的孩子突然挡住了他的去路。只见他们两人一组，面对面，脚顶脚，胳膊伸直，手指弯曲着钩在一起，身子向后倾斜着转圈，并不时发出阵阵欢快的笑声。詹内站在旁边看得着了迷，他从孩子们手拉手的游戏中得到启示："要是能制作出一种装置，像两只手一样可以钩连起来，问题不就解决了吗？"

想到这里，他忘记了一天的疲劳，回到家后就立即动手用木头制作手的模型。他把模型上的手指设置成弯曲状，使它们能钩连在一起。但是，因为木制的手不能活动，试验失败了。

詹内并不气馁，经过多次改进，他终于发明出了火车自动挂钩。这种挂钩用铁铸造，像两只手，安装在每节车厢的两端。"铁手"的掌心有个机关，两只"铁手"一碰，触动了机关，就紧紧地"握"在一起。如果要把它们分开，只要启动另外的机关就可以了。

火车自动挂钩的发明，把铁路工人从繁重的劳作中解放出来，为铁路运输提供了既安全又方便的条件。为了纪念这一发明，人们把火车自动挂钩称为"詹内挂钩"。

小故事大道理

勤于思考、肯动脑筋也是创新的关键。光有创新的意识是不够的，要付诸实践，这样不光有创新的喜悦，还会有创新带来的收获。

把冰窖搬回家
◇佚名

> 为了产生创新思想，你必须具备：必要的知识；不怕失误、不怕犯错误的态度；专心致志和深邃的洞察力。
>
> ——斯威尼

很早以前人们就懂得，低温有利于食品的保鲜。在古罗马时期，皇帝和贵族就开始让奴隶从高山上把冰搬运回来，放在地下的冰窖里，供冰镇牛奶和葡萄酒之用。可以说，这种冰窖就是天然的冰箱，正是它启发了人们制造人工制冷机器，并最终发明了冰箱。

19世纪中期，一个在澳大利亚工作的苏格兰人约翰·哈里森有了一个新发现，这就是：当他用醚来清洗金属印刷铅字的时候，周围的空气会逐渐变冷。这个发现让哈里森很感兴趣，他想：既然液体蒸发时会让周围的空气冷却，那能不能利用它们制造一台可以制冷的机器呢？

想到这里，哈里森马上找来了一些技工，请他们按照自己的设想制作出一个模型。果然，不久后的一天晚上，这个装置里真的结了一些冰。技工们兴奋地拿着它，跳进一辆马车，飞速驶向哈里森的家，向他展示他们取得的成果。

哈里森非常兴奋，他想起人们常常把食物放到温度较低的地方，以此来保持食品的新鲜。如果能够制造出可以人工制冷的机器，那将会是人类发明史上多么重大的进步啊。在接下来的时间里，哈里森和助手进行了无数次试验，终于在1862年生产出了第一批冰箱，主要用作运送货物往来。比如，把新鲜的羊羔肉装进冰箱里，就能从新西兰出口到欧洲。即使经过了如此长的旅途，羊肉也不会坏掉。后来，哈里森还在当地的一家啤酒厂里开设了第一个制冷车间。

在约翰·哈里森的发明基础上，1923年，瑞典工程师浦拉腾和孟德斯制造出世界上第一台家用电冰箱。从此，冰箱走进了千家万户。

小故事大道理

在生活中发现所需，然后根据需要进行合理创新和改造。生活是创造的原动力，不要低估生活赠予我们发现的双眼，不要小觑生活中的点点滴滴！

阅读反馈

_____学校 ___年级___班级 姓名_____ 指导教师_____

一、选择题

1.在《灵感就在灯火阑珊处》中，肖莱士为妻子发明了 （ ）。

  A.电脑 B.电视机 C.洗碗机 D.打字机

2.在《屋里飘来欢呼声》中，（ ）制取了人造金刚石。

  A.莫瓦桑 B.莫瓦桑的助手 C.莫瓦桑的哥哥 D.查理·弗里德尔

3.在《都市里的悬崖》中，能村先生的灵感来自于 （ ）。

  A.潜水 B.游泳 C.跑步 D.攀岩

4.在《皮鞋的由来》中，聪明的仆人建议国王用（ ）包脚。

  A.纸 B.丝绸 C.尼龙布 D.牛皮

5.在《鲁班造锯》中，鲁班的灵感来自于 （ ）。

  A.向日葵 B.蒲公英 C.三叶草 D.叶边上带锯齿的小草

6.在《薄饼带来的收获》中，哈姆威用他的薄饼来做 （ ）。

  A.冰淇淋的托 B.卷饼 C.三明治 D.汉堡

7.在《任凭嘲笑杳然去》中，西拉科夫发明了 （ ）。

  A.坦克 B.马车 C.火车 D.自行车

8.《曹操的妙招》这个小故事可以总结为一个成语，它是 （ ）。

  A.望梅止渴 B.画饼充饥 C.指鹿为马 D.塞翁失马

9.在《阳光是最好的使者》中，芬生利用阳光 （ ）。

  A.杀死患病的细胞 B.治疗流感

  C.治疗外伤感染 D.治疗天花和狼疮

10.在《妙计摘帽》中，影院经理用（ ）让女士们摘去了帽子。

  A.教导 B.辱骂 C.批评 D.智慧

二、简答题

11.《别让新奇的念头溜走》这个小故事说明了什么道理？

12.在《钱包是谁的》中，你认为那两个大人的做法对吗？

13.《改变人生就在一念间》对我们的人生有哪些启示？